A WINDING LINE

Three Hebrew Poets

Selected and Translated by Tsipi Keller

Introduction by Adriana X. Jacobs

Maya Bejerano   מאיה בז'רנו

Sharron Hass   שרון אס

Anat Zecharia   ענת זכריה

ZEPHYR PRESS

Cover painting: "Pulling a Rope" by Orly Maiberg

Book design by typeslowly

This publication is made possible in part by the Academy of American Poets with funds from the Amazon Literary Partnership Poetry Fund.

Zephyr Press acknowledges with gratitude the financial support of the National Endowment for the Arts and the Massachusetts Cultural Council.

NATIONAL ENDOWMENT for the ARTS arts.gov

Mass Cultural Council

Zephyr Press, a non-profit arts and education 501(c)(3) organization, publishes literary titles that foster a deeper understanding of cultures and languages. Zephyr Press books are distributed to the trade by Consortium Book Sales and Distribution [www.cbsd.com].

Cataloguing-in publication data is available from the Library of Congress.

ZEPHYR PRESS
www.zephyrpress.org

Maya Bejerano

Sharron Hass

Anat Zecharia

"Such a Forecast at My Age": Hebrew Women's Poetry in the 21st Century

by Adriana X. Jacobs

In Tsipi Keller's *A Winding Line*, the work of the contemporary Hebrew poets Maya Bejerano (b. 1949), Sharron Hass (b. 1966), and Anat Zecharia (b. 1974) comes together as in a choral arrangement: three voices speaking collectively in and for the present moment but from three distinct perspectives. Translating poems published in the last decade (give or take), Keller focuses our attention on the vitality, persistence, and urgency of poetry here and now. And as a translator who lives between Israel and the United States, translating these works into English allows Keller to place Israeli concerns and pressures into conversation with the current political climate in the United States, and wherever English circulates.

Considerations of poetry's role in the present ineluctably gesture to its future. "What will remain?" asks the Hebrew poet Leah Goldberg (1911–1970) in the closing poem of her celebrated cycle "The Love of Teresa de Meun," which purports to recover the poems of a twelfth-century French female poet. In this poem, Goldberg's speaker imagines her poems cast out into the ocean, and later carried back to shore, where a fisherman gathers them up "like corals" and takes them still farther away. For Goldberg, time is "like a child" whose indifference or adoration may transform these poems entirely, as do acts of reading and translation. But to "remain," poems must move—as these poems do—outside of their time, place, and language, and thereby risk this transformative circulation.

Maya Bejerano was studying library sciences at the Hebrew University when Gabriel Moked, editor of the influential journal *Now*, published her debut collection *Ostrich* in 1978. But it was her series "Data Processing," collected into a book in 1983, that brought her wide public acclaim. Of these poems, Eli Hirsh has written, "[their] only motive was the desire for freedom, an incessant linguistic movement, a perpetual contraction of the gap between the creative imagination and the words that follow or slip by."[1] Bejerano's decades in the field of Hebrew poetry bring longevity to this volume, but these poems also address longstanding tensions between artists and their audience—both in the demands that readers can make, and in the ways that works of art can be remade and undone in the hands and eyes of others. In "Meeting with the Actors," the second poem of this collection and the title poem of Bejerano's 2014 book of poetry, the speaker has brought words to a group of actors and is reluctant to let them go.

> I said to them: I don't want to, I don't want to
> And they said: The hidden will become known
> I said to them: No, I won't give you the words
> They said to me: Give them to us, give them to us
> And I did.

Like those who read between the lines, forge relations between texts, and shift the semantic range of a word in translation, the work of the actors is a kind of revelation, making what is latent—or "hidden"—visible, while also applying force, "rattling" and squeezing the meaning out of these words. Though decades of reading, criticism, analysis, and polemic may steel a poet to the brunt of this exposure, a tension remains between the private experience of creation and its public reception. In "Nude Model," this attention can get in the way of one's creative practice:

The small artist was agitated, breathless—
not enough time, the din all around,
the crowd that intermittently blocked
her view of the beautiful model
now posing only for her
to continue the struggle
the struggle has not ended
the struggle never ends

Throughout this scene, Bejerano continuously reminds us that although this struggle between the artist and the public may be timeless, it is also shaped by a gendered power dynamic, one between the "small" female artist and the "male" din that almost overwhelms her.[2] Take for instance, Bejerano's inclusion of the line "the sure and mischievous hand of giants" ("Paris"), from Rachel Bluwstein's 1930 Hebrew poem "Only About Myself." In this poem, Bluwstein wrestles with the marginal status of women poets in early twentieth-century Hebrew literary culture, where men were its most powerful gatekeepers. Comparing herself to an ant—industrious and strong—the speaker is nonetheless aware of the precarious pursuit of her own ambitions.

Bejerano, however, reworks this line so that patriarchy no longer has the upper hand. The speaker of "Paris" returns to the city on her own terms, seeking to be pushed out of her comfort zone, "to be launched like a bird and somersault." The hand that spelled annihilation for Bluwstein is now a force that she can meet eye to eye, one that allows Bejerano's speaker "to be bumped" into something strange and new.

There is a familiarity that comes with a poet who has been around as long as Bejerano, but poetry also thrives on surprise. "Unrecognizable" addresses the pull between the two, the place where everything is sparkling and new and the time-worn place with its creaks and stains. It's the latter that interests Bejerano, where conversations can pick up regardless of how much time has gone by. Even here some change must be allowed, like the living room that "was revamped a bit," and now invites the present into dialogue with the past. This is all another way of saying that the words of the old poets still matter. "Would you still be interested in me?" Bejerano's speaker asks in "Dear Addressee":

> A woman whose young years have passed
> but she is still out, taking on the city streets,
> her feet tapping the pavement
> as she goes about her daily life.

In "Crusoe in England," the U.S. poet Elizabeth Bishop imagined Robinson Crusoe resettled in England, "old . . . bored too," and reminiscing about his deserted island adventures. If "Dear Addressee" starts off as a classic aging poem about time past and lost, Bejerano's "but" refuses to make this the closing chapter.

Original texts are not static—over time, the ways we read, translate, and collect them will transform them in big and small ways. Poems live different lives before they find their way into a book (if they ever do), but in a literary economy that still privileges the book, the varied circulation of a poem can become obscured, if not erased entirely. The version that appears in the book becomes the definitive one, replacing all others. In this context, anthologies and selected collections, like this one, can perform the radical work of taking the book and breaking it apart, and while this can collude with hegemonic frameworks of reading, it also can open up new relations and configurations. In *A Winding Line*, Keller gives each poet her own space, while also making certain contiguities visible: the images and language that each poet picks up and reworks, as well as a sense that there is a shared inquiry about poetic legacy at stake.

For Sharron Hass, poetry is boundless and susceptible to transformation:

> I write on a silvery white page the abstraction dear to my heart,
> you can fold it into paper canoes and triangular airplanes
> ("For the Gnome and the Goblin, For My Redeemer Amen")

Hass studied Classics at Tel Aviv University, which partially accounts for the references to Greek mythology, as well as fables and fairy tales, that run through her work, and through *Daylight* in particular, the 2011 collection from which Keller has made her selections. Several poems here acknowledge the body, and specifically the female body, as a site of metamorphosis that further intensifies one's relation to place and history.

"Ever since I bore a son I became a mortal," one speaker declares in an untitled poem, echoing a line from Carolyn Forché's 1994 poem "The Angel of History." Change, and the ability to change, carries a political charge in Hass's work. Take for example the excerpt from the sequence "Noon, Fire, and No Shade" which opens with the figure of a poet who lives in a tree, his arm "a blooming, branch-like arm" that "transports" the speaker from "one bank/ to the other." Whatever positive or optimistic connotations such movement carries—and how these extend to translation—are quickly unsettled several lines later when the morning paper reports that "a skiff laden with black refugees has sunk." If this is a poem about the migrant crisis, it is tossed into the poem with decaying fruit, Israeli mothers taking their kids to school, frozen monkeys and more. I have read this poem many times and just as I think I get it, it slips away again, as newsfeeds do these days—I think that is the point. "Now I turn to the open poem that does not quite know/ where to stop."

Poems like "The Crates in Metula" foreground Hass's interest in the chthonic, *ketoni* in Hebrew, from the Greek χθόνιος, referring to the deities and spirits of the underworld. Metula is Israel's northernmost town and long associated with the apple industry, which thrives in the north. Indeed, Asaf Lifshitz's sculpture "The Apples" greets visitors at the city's entrance. In Hass's poem, apples spark a reflection on "decay and delicacy," as they have for centuries in the various myths and tales where they have served (and been served) as symbols of beauty, immortality, poison, and knowledge. The crates hold the apples that have value and will be taken away, "golden fruit destined to bluishly rot."

Images of this kind remind us that breakdown may be inevitable but nonetheless generative; in fact, instead of the "sure road" from the hotel, the poet prefers to take in the view "from below" where rotten things go. It is not surprising to find Sappho quoted in a later poem. Whatever remains of Sappho's work, some of it found in an ancient Egyptian landfill, has tantalized readers and translators, who have created whole poems out of these scattered words, or preserved their gaps and silences. Both strategies are at work in "The Crates of Metula," where the dashes that open the poem and separate its stanzas may mark something missing, or they may suggest the outline of a container, like the crate, where "something keeps growing."

Metula's proximity to the Lebanese border is also not far from view. Between 1976 and 2000, the year of Israel's withdrawal from Lebanon, the town was one of the crossing points of the Good Fence between northern Israel and southern Lebanon. This border has also been the site of unrest, more recently during the 2006 Lebanon War, when most of the town's population evacuated. Metula is also where a major poetry festival, founded in 1998, takes place every year during Shavuot, a Jewish holiday commemorating the wheat harvest and the giving of the Torah at Sinai.

Since its founding, the Metula Poetry Festival has served, at times contentiously, as a barometer of Israel's contemporary social and cultural politics. And although this particular poem may not address specific political tensions, it is possible to discern, from the speaker's descent into the subterranean spaces of the town, a commitment to a different perspective beyond the scenic views that travel guides promise. As Hass puts it in a recent interview, "poetry is the horizon of the human."³

Anat Zecharia's *Ay Palestine* (2016) moves us from Bejarano's winding streets and Hass's tunnels and folds to the threshold of an inescapable post-apocalyptic future. It addresses local and global political realities head on, beginning with the title and its foregrounding of the present-day Israel-Palestine conflict. But in Hebrew, Zecharia's "Palestina" (פלשתינה) summons the region's much longer history, one stretching back to classical antiquity where the name first appears in the fifth century BCE in Herodotus's *The Histories*, referring to the region between Phoenicia and Egypt.

The title is also a reworking of "פלשתינה (א״י)", Palestina (EY), the British Mandate name for the region, encompassing what is now the State of Israel, the West Bank, and Gaza. The name *Palestine* was understood then to be a compromise between the Arabic *Filasṭīn* (فلسطين) and the Hebrew *Palestina*, though Jewish leaders insisted, and not without controversy, on using the abbreviation EY (Erets Yisrael, Land of Israel) when the name appeared in official Hebrew documents. In Zecharia's title, "EY" morphs into "ay," turning it into a lament for past and present Palestine.

When Zecharia's debut collection *Once Beautiful* came out in 2008 it garnered critical attention for its eroticism and frank articulation of female desire. Comparisons to Yona Wallach (1944–85), a poet who once described the Hebrew language as a "sex maniac," were almost inevitable. Zecharia's "Herzl Says" (the Hebrew version of Simon Says), for example, imagines the game as a compulsory striptease until the power dynamic reverses in the poem's final lines:

> I'm opening wide I'm expanding
> I'm looking at my Garden of Eden
> which you never knew
> because the truth is mine only
> when I alone
> hold an apple in my mouth.
>
> (trans. Lisa Katz, *Poetry International*)[4]

That Herzl is also the surname of Theodor Herzl, one of the founders of modern political Zionism, would not be lost on contemporary Israeli readers. Zecharia's poem alludes to the sexual politics of Zionism, which valorized masculinity over femininity (the latter associated with the Jewish diaspora), but the reference to the apple and its association with Eve also brings to the fore anxieties concerning female agency that pervade Western culture in general and Judaism in particular. When the apple returns in *Ay Palestine*, it does so as a collective, and not exclusively female, symbol of transgression: "the world's apple demands that we bite into it/evil is a done deal/ murder runs deep/ death is what we thought" ("Made in China").

In *Ay Palestine*, the present points to humanity's bleak future—"around us it is all smooth concrete/and glass and cancer and death wish" ("Congratulations"). Some poems hint at crises of a global scale: "And when the short arid pause arrives/ we will cough with great delicacy/ to make sure we're still/ among the living" ("How Good and How Pleasant to Dwell"). In others, Zecharia channels her critique close to home: "We've built kingdoms towers and homes/upon dreams and iron and greed" ("Congratulations").

Though there is nothing we can do to change course, human beings must continue living, "dance, hop in the dark, rock the air" ("Commendable"), like Bejerano's speaker "[going] about her daily life." Zecharia echoes here the Israeli yielding to a "life goes on" mentality, an insistence on normalcy after crisis. This is, her speaker confesses, "a vulgar truth." Though daily routines and celebrations may ward off despair, what they ultimately offer is a "candied calm" ("Wonder of Wonders").

When the Israeli news of the day finds its way into *A Winding Line* it does so directly, incisively. Bejerano's "Netanyahu   Netanyahu," for instance, addresses the status of Jerusalem, one of the most sensitive issues at stake in negotiations between Israelis and Palestinians. Here, she takes a proclamation made by Israel's then Prime Minister Benjamin Netanyahu—"I will never be party to a divided Jerusalem,/ I will never divide Jerusalem"—as the prompt for a meditation on wholeness and division.

Like an ancient Talmudic exegete, Bejerano utilizes intertextuality and metaphor to scrutinize the presumption of wholeness underlying Netanyahu's statement. When she argues that Jerusalem is in fact already a divided city, she is referring not only to ongoing tensions between Israelis and Palestinians or between Jerusalem's various cultural and religious groups, which includes those between secular and religious Jews, but also to the remnants and traces of its long history of settlement, destruction, capture, and rebuilding. The name itself, in Hebrew "Yerushalayim," carries the dual plural ending, which has invited rich speculations, including the long tradition in Judaism of conceiving of the city as two—the heavenly and earthly Jerusalems—and imagining their future union: "Jerusalem built as a city that has been joined together" (Psalm 122: 3, trans. Robert Alter).

Netanyahu's paternal grandfather was born Nathan Milei-
kowsky in the former Russian Empire, in what is now Belarus.
A Zionist activist, he had taken to signing his name as "Netan-
yahu," "God has given" in Hebrew. In 1920, he brought his fam-
ily, including Benjamin's father, to Mandatory Palestine, after
which the surname "Netanyahu" was adopted. This was a com-
mon practice among Jewish immigrants to Palestine in the early
twentieth century, many of whom opted for Hebraizing their
names. This act signalled an allegiance to a new life, while it also
erased or occluded one's diasporic ties. Invoking the spirit of
generosity inscribed in this name, Bejerano calls upon the prime
minister to bring to the city a "cartilage of blessing" and thereby
begin the work of uniting its various parts, "each and every one."
However, the wide gap between the two Netanyahus, which ap-
pears in the poem's title and later as its closing line, suggests that
something else may be broken. The work of repair may need to
begin, the poem suggests, within the prime minister's own frac-
tured self.

If "The Crates of Metula" only hints at tensions along Is-
rael's northern border, Hass's poem "Theft" takes a more direct
approach to the Israel-Palestine conflict. The poem begins, as
many of her poems do, in a surreal zone of midnights, folds, and
doubles, where this stanza appears:

"The terrorist Wafa al-Bass undresses
exposing her 'explosive underpants'
she attempts to detonate the bomb and fails
yesterday in a designated area near the Erez Roadblock"

In the Hebrew collection, the page preceding the poem features
a photo strip from *Haaretz*, one of Israel's major daily newspa-
pers. It consists of four frames, each one a screenshot from a
widely circulated video clip from June 2005 that documented

the moment that Wafa al-Bass, a Palestinian woman from Gaza, removed her dress to reveal a bomb belted under her waist. The caption under the picture appears verbatim in Hass's poem, re-arranged (in the Hebrew original) into a rhyming quatrain. In fact, it is this arrangement that directs us to take note that the newspaper's caption also rhymes.

Poets often repurpose the raw material of the daily news (Zecharia's "Mister, Prime Minister," for example), but poets also respond to the literary strategies that news writing deploys to capture the attention of a reader or listener. In her study *News of War: Civilian Poetry 1936–45*, Rachel Galvin observes two motivations at work when poets draw the news into their poems:

> Some poets critique the press, insisting that objectivity is an illusion, and pointing out the misguidedness of mass think and the fragility of facts codified as news. Other poets, however, emulate forms of the news, borrowing structuring principles of juxtaposition and simultaneity as a way to make a poem ethically account for its own distance from the material world.[5]

The U.S. poet Tess Taylor, who has worked as a journalist, also highlighted a meaningful distinction between news and poetry when describing her stint as NPR's "newspoet" in 2012: "as a poet I get to break the frame of the day and make it something different . . . it's the work of poetry to kind of unsettle the present."[6] Hass's "Theft" gathers a 2005 account of a thwarted terrorist attack but breaks its frame with references to Giuseppe Tomasi di Lampedusa's 1958 novel *Il Gattopardo* (The Leopard) and Greek mythology. In contrast to Agi Mishol's "Shaheeda" (Woman Martyr), a well-known Israeli poem about the 2002 Mahane Yehuda bombing, "Theft" does not make Wafa al-Bass its central subject; rather, Hass is interested in "the fragility of facts codified as news," and namely, in how the news becomes enveloped in the hallucinatory flow of daily life, collapsing and blurring with other stories when we fold and roll the printed paper or scroll up and down a screen.[7]

In Hass's poem, the line "I bent over the newspaper and, like Mary,/ saw your defeat" tells us something about how the news shapes a way of reading, one focused here on failure. Poetry, nevertheless, allows for other kinds of engagement, including the possibility of seeing ourselves in others: "This terrible creature of darkness is me." The moment Wafa al-Bass is inscribed into the poem, she is folded and doubled, both herself and others. There is nothing simple about this encounter; indeed, Hass's title acknowledges that such appropriations may be problematic. But the task of a poet, as Hass argues here and elsewhere, is to forge relations, however uncomfortable, between different perspectives and realities and thereby allow oneself to be transformed by this work. "A poet has already said about a poet: A poet's destination is to become a horse" ("Song").

A Winding Line offers us three perspectives on the present moment, but it does not propose that poetry serve as a map or compass; rather, this poetry wrestles with the present and entangles us in it. Bejerano's "Alkosser,"[8] an elegy to a Tel Aviv family-run grocery store, reflects on the future of local economies and relations "in this urban landscape of the twenty-first century." The line "goodbye once again, for real—these are the times, they tell her, these are the right rhythms" addresses the store's closing, but also serves as a self-reflexive commentary on poetic trends and their currency. "People say they are sorry to see us go," Itzik Alkosser reported, "even though they hadn't shopped here in a long time."[9] Bejerano's "for real" hints at the stubborn persistence of the old stores—and old poets—who won't go down, or away, so easily, but the future of poetry, the poem cautions, also relies on the continued investment of its audience.

For Hass, there is no time for equivocation; poets must face up to the present:

> I'll either say it quickly or shut up.
> There are two ways to write.
> With a drawn knife in the light, in the right-hand fist.
> In the left,
> the heart I have torn from the chest.
> And a shout—come here—show yourselves, you cowards.
> ("Song")

Hass's imagery recalls the defiance of an ancient Greek statue, like Athena in battle or Perseus holding Medusa's head. The old myths and fairy tales teach us something about bravery, as well as change. In these stories, we learn that shape-shifting isn't just an aesthetic principle but a survival strategy for the contemporary poem.

By the time we get to Zecharia's poems, the future has never felt more uncertain. The twenty-first century has been daunting. Maybe this is something every generation experiences, and yet, reading the news of rising waters, drowning refugees, depleting resources, it is hard not to feel that we live in particularly precarious times. But one of the challenges of contemporary poetry—of writing, reading, and translating it—is that we cannot look back yet and say "this is what it was about." We may get there, or we may not. It seems appropriate then for *A Winding Line* to leave us with Zecharia's parting words "good luck."

Notes

[1] Eli Hirsh, "Maya Bejerano, Waking at the Heart of the Diagonal," *Kore Shira* (June 19, 2009): http://www.elihirsh.com/?p=732.

[2] In Hebrew, *ra'ash*, or din, is a masculine noun.

[3] Aya Elia, Interview with Sharron Hass, *Odot* (June 26, 2019): https://www.reviewbooks.co.il/single-post/sharonass.

[4] Anat Zechariah, "Herzl Says," trans. Lisa Katz, *Poetry International*: https://www.poetryinternational.com/en/poets-poems/poems/poem/103-18634_HERZL-SAYS.

[5] Rachel Galvin, *News of War: Civilian Poetry 1936–45* (New York: Oxford University Press, 2018), p. 8.

[6] Melissa Block, "NewsPoet: Tess Taylor Writes the Day in Verse," *All Things Considered*, National Public Radio, August 20, 2012: https://www.npr.org/2012/08/20/159349948/newspoet-tess-taylor-writes-the-day-in-verse.

[7] See Tsipi Keller's translation of "Shaheeda" in *Poets on the Edge: An Anthology of Contemporary Hebrew Poetry* (Albany, NY: SUNY Press, 2008).

[8] The poem "Alkosser" does not appear in this collection.

[9] Sivan Shadmon, "After 50 Years: A Veteran Grocery Store Closes," *NRG* (February 27, 2013): https://www.makorrishon.co.il/nrg/online/54/ART2/440/191.html.

A WINDING LINE

One of Israel's leading poets, **Maya Bejerano** holds a B.A. in literature and philosophy from Bar-Ilan University, and an M.A. in library sciences from the Hebrew University of Jerusalem. She has published fifteen poetry collections; a children's book, two collections of short stories, and a novel. Her poems have been set to music, and her work has been translated into Arabic, Chinese, English, French, German, Greek, Italian, Polish, Romanian, Serbo-Croatian, Spanish, and Vietnamese. Her volume, *The Hymns of Job and Other Poems*, a Lannan Translation Selection, was published by BOA Editions in 2008, and a number of her poems appear in *Poets on the Edge—An Anthology of Contemporary Hebrew Poetry* (SUNY Press, 2008). Bejerano participated in numerous poetry festivals in Israel and abroad, and was a visiting poet at Harvard University. Among her awards: the Prime Minister Prize (1986; 1994), the Bernstein Prize (1988), the Bialik Prize (2002) and the Yehuda Amichai Prize (2016). Bejerano lives and works in Tel Aviv.

*

3 תַּנִּינִים בַּחֲלוֹמִי נִצּוֹדוּ
קָטָן בֵּינוֹנִי וְגָדוֹל
גָּדוֹל בֵּינוֹנִי וְקָטָן
וּמְאַלֵּף רַב אָמָּן עֲלֵיהֶם הִשְׁגִּיחַ
הֶאֱכִיל הִשְׁקָה וְהִשְׁכִּיב בַּזְּמַן –
בֵּיאוּר שֶׁגְּדוֹתָיו לֹא סֻמְּנוּ
פָּשׁוּט מִשּׁוּם שֶׁלֹּא הָיוּ

*

Three crocodiles captured in my dream
Small medium and large
large medium and small
and a master tamer their keeper
food and drink and punctual bedtime
in a river whose banks were not defined
simply because they never existed

פגישה עם השחקנים

אָמַרְתִּי לָהֶם: הֵבֵאתִי אֶת הַמִּלִּים
אָמַרְתִּי לָהֶם: אֲנִי פּוֹחֶדֶת לְשַׁחְרֵר אוֹתָן מֵהַשַּׂק
אָמַרְתִּי לָהֶם: הֵן בִּצְפִיפוּת גְּדוֹלָה גְּדוֹלָה
אָמַרְתִּי לָהֶם: הֵבֵאתִי אֶת הַפּוֹעֳלִים אָז הַמִּלִּים רָעֲשׁוּ וְקִרְקְשׁוּ בַּכְּלִי
כְּחַיּוֹת מְזוֹת פְּעֻלָּה, הוֹצִיאוּ לָשׁוֹן יְבֵשָׁה וְשָׁרְקוּ
אָמַרְתִּי לָהֶם: אַתֶּם שׁוֹמְעִים?
וְהֵם אָמְרוּ: אֲנַחְנוּ רוֹצִים לִרְאוֹת אֶת הַמִּלִּים
אָמַרְתִּי לָהֶם: הַמִּלִּים עֵירֻמּוֹת וּמְבֻיָּשׁוֹת, חִכּוּ שָׁנִים רַבּוֹת
אָמַרְתִּי לָהֶם: הַמִּלִּים בְּלִי כִּסּוּי וְאֵין לָהֶן פָּנִים
וְהֵם אָמְרוּ: אֵין דָּבָר, אֲנַחְנוּ הַשַּׂחְקָנִים נַעֲשֶׂה לָהֶן פָּנִים
אָמַרְתִּי לָהֶם: וּמָה עוֹד
וְהֵם אָמְרוּ: וּנְכַסֶּה אוֹתָן בָּאִפּוּר הַמַּתְאִים
אָמַרְתִּי לָהֶם: אָז לֹא אַכִּיר אוֹתָן
וְהֵם אָמְרוּ: וּנְעַנֶּה אוֹתָן וּנְטַלְטֵל אוֹתָן בְּקוֹל רָם עַד שֶׁתַּכִּירִי
אָמַרְתִּי לָהֶם: אֵינֶנִּי מְבִינָה
וְהֵם אָמְרוּ: וְנִלְחַץ אוֹתָן עַד זוֹב הַמַּשְׁמָעוּת
אָמַרְתִּי לָהֶם: אֵינֶנִּי רוֹצָה, אֵינֶנִּי רוֹצָה
וְהֵם אָמְרוּ: הַצְּפוּנוֹת יִתְגַּלּוּ לָעוֹלָם
אָמַרְתִּי לָהֶם: לֹא אֶתֵּן לָכֶם אֶת הַמִּלִּים
אָמְרוּ לִי: תְּנִי לָנוּ אוֹתָן תְּנִי לָנוּ אוֹתָן
וְנָתַתִּי.

Meeting with the Actors

I said to them: I have brought the words
I said to them: I'm afraid to release them from the bag
I said to them: They crowd together
I said to them: I summoned the workers and the words clamored
        and banged the bowl like hyper beasts, they stuck
        out a dry tongue and whistled
I said to them: Are you listening?
And they said: We want to see the words
I said to them: The words are naked and sheepish, they've been
        waiting for many years
I said to them: The words have no cover no face
And they said: No matter, we the actors will give them a face
I said to them: And then what?
And they said: We'll cover them with the right makeup
I said to them: Then I won't recognize them
And they said: We'll taunt and rattle them so you'll recognize them
I said to them: I don't understand
And they said: We'll squeeze them until meaning oozes out
I said to them: I don't want to, I don't want to
And they said: The hidden will become known
I said to them: No, I won't give you the words
They said to me: Give them to us, give them to us
And I did.

אִיפִיגֶנְיָה

א.

אִיפִיגֶנְיָה –
בִּשְׂדוֹת שִׁבֳּלֵי הַחִטָּה וְהַקֵּינָף
בֵּין תַּלְמֵי אֲדָמָה חֲרוּשִׁים וּזְרוּעִים
צִמְחֵי תַּבְלִין וְעִשְׂבֵי הַבָּר מֵעֵבֶר
מָה אַתְּ עוֹשָׂה כָּאן –
בֵּין שַׁרְבִיטֵי הַחָטְמִית הַוְּרֻדִּים
מִלְּבַד שֶׁהִבְחַנְתְּ בָּהֶם
וְהֵנַדְתְּ רֹאשֵׁךְ
מָה אַתְּ עוֹשָׂה כָּאן –
בְּחֶבְרַת זָרִים, אַנְשֵׁי צְבָא הָעֲסָקִים וּרְגָבִים
אַנְשֵׁי אֲדָמָה בַּרְזִלִּים וְכֶסֶף
מָה אַתְּ כָּאן אִיפִיגֶנְיָה –
יָצָאת לְמִרְעֶה אַחֵר
וְהַמַּרְאֶה מַרְהִיב
אוֹ נֹאמַר מַרְעִיב
בְּרִיחוֹת בָּר וְחַיּוֹת בָּר הַמְּבַצְבְּצִים לְרֶגַע
עָפִים נֶחְשָׂפִים...

ב.

אֶלֶף כִּידוֹנִים הוּרְמוּ מַעְלָה לָאֲוִיר
וּשְׁמֵךְ נִשָּׂא בְּפִי נוֹשְׂאֵיהֶם
אִי–פִי–גֶנ–יָה
וְכָל אֶחָד מֵהֶם הָיָה בָּךְ: בְּבִטְנֵךְ, חָזֵךְ
לִבֵּךְ הַקּוֹלֶקְטִיבִי פַּעַם פַּעַם פַּם פַּם
לֵב שֶׁל צְבָא יָוָן הוּא, שֶׁל הָאֵלָה –
דָּמֵךְ יֻגַּשׁ לָהֶם וְיִשָּׁפֵךְ עַל מִזְבֵּחַ,

Iphigenia

1.

Iphigenia—
in fields of wheat and kenaf
in ploughed furrows of herb seedlings
and wild plants farther off.
What are you doing here
among the pink althaea shoots,
and, having noticed them,
you nod your head.
What are you doing here
among strangers, an army of businessmen and clods
tillers tools and commerce—
what is your role here, Iphigenia.
You set out for other pastures
where the landscape is ravishing
or let us say makes you ravenous
for its scents and wildlife
that briefly appear in flight

2.

A thousand spears were raised high in the air
your name on the lips of their bearers
I-phi-ge-nia
and each one of them had a hand in you:
your stomach, your breast,
your collective heart beating beating beating
the heart of the Greek army, of the goddess—
your blood will be served them

לֹא מֵבִין יְרֵכַיִם פְּשׂוּקוֹת לֵדָה יָזוּב
לֹא תִּהְיֶה לָךְ לֵדָה לֹא תִּהְיִי אֵם
לֹא בָּרַחְתְּ, אֲבָל בְּכִי תַּמְרוּרִים בָּכִית
לְאָבִיךְ הַמַּצְבִּיא, וְאַחַר כָּךְ לְבַדֵּךְ וְעַל אִמֵּךְ הָאֻמְלָלָה הַנִּבְגֶּדֶת
וּכְשֶׁיָּצָאת מִן הַחֹרֶשׁ לְעֵת עֶרֶב עֲטוּרָה בְּעַנְפֵי דַּפְנָה וְזַיִת
נִפְרַדְתְּ מֵהֶם מֵהַצְּבָאִים, מֵהָאוֹר
כְּבָר נֶחֱרַץ גּוֹרָלֵךְ. בְּתוֹדַעְתֵּךְ
הָיִית מוּכָנָה, גּוּפֵךְ הָיָה מוּכָן לְהִזָּבַח
וְאָז נִלְקַחְתְּ לְמַעְלָה
וְהָפַכְתְּ סֵמֶל

to be poured on the altar
no blood will issue from between your thighs
spread open in childbirth
you will not give birth
you will not be a mother.
You did not flee, but you did weep bitterly
facing your father the commander.
And later, alone, you wept for your betrayed wretched mother,
and when you emerged in the evening from the copse
adorned with olive and laurel branches
you took leave of the deer, of the light,
your fate had been decreed,
in your spirit you were prepared,
your body ready for the altar,
you were whisked away
and became a symbol

דוגמנית עירום

בְּחֶלְקִיק שְׁנִיָּה נָגַס גּוּשׁ הַפֶּחָם
מִגּוּפָהּ הָעֵירֹם אֶת גְּבוּלוֹתָיו –
הָרוֹשֶׁמֶת הַקְּטַנָּה וְהָעֲדִינָה לֹא הִנִּיחָה לְטַרְפָּהּ
אֶצְבְּעוֹתֶיהָ הַדַּקּוֹת, עַזּוֹת וּתְאֵבוֹת
הֶעֱלוּ עַל דַּף הַצִּיּוּר הַלָּבָן
אֶת מִתְאֲרֵי גּוּפָהּ הָעֲנָק שֶׁל דֻּגְמָנִית הָעֵירֹם.
הִיא עָמְדָה לְעֵינֵי רַבִּים בָּאוּלָם הַמֻּסָּק
עַל כֵּן גָּבוֹהַּ, מִסְתּוֹבֵב כְּשִׁפּוּד.
פִּסַּת הַפֶּחָם הָלְכָה וְנָמוֹגָה בֵּין אֶצְבְּעוֹתֶיהָ
וְהַדְּמוּת עָבְרָה כְּמוֹ דִּירָה חֲלָקִים חֲלָקִים
לְמִשְׁכָּנָהּ הֶחָדָשׁ. הִיא נִצְּבָה –
זְרוֹעוֹתֶיהָ הִקִּיפוּ אֶת רֹאשָׁהּ בִּמְסִירוּת
יְרֵכֶיהָ שְׁנֵי גְּלִילִים שְׁחֻמִּים שֶׁנִּפְגְּשׁוּ בְּשְׂעַר עֶרְוָתָהּ
שָׁחוֹר וְעָבוֹת, שׁוֹקֶיהָ עָמְדוּ אֵיתָנוֹת
מִדֵּי פַּעַם הֶחֱלִיפוּ תְּנוּחָה
וְהִלַּת הַחֹם שֶׁהֵפִיק גּוּפָהּ הִקִּיפָה אוֹתָהּ,
חִמְּמָה אֶת אֲוִיר הָאוּלָם.
הָרוֹשֶׁמֶת הַקְּטַנָּה נֶאֶבְקָה, נֶעֶצְרָה
אָז הִנִּיחָה לְמִתְאֲרֵי הַגּוּף וּפָרְצָה פְּנִימָה
אֶל תּוֹךְ הַבָּשָׂר, לְאוֹקְיָנוֹס הַחֹמֶר הַמּוּצָק.
בְּקַוִּים שְׁבוּרִים קְטַנִּים וּמִתְרַסְּקִים
חִצִּים, שְׁחָפִים שְׁחוֹרִים נִקְּרוּ חָבְטוּ
בַּנְּיָר, הִתְפַּזְּרוּ הִסְתּוֹדְדוּ לְצוּרָה חֲדָשָׁה
שֶׁל אֶנֶרְגְיָה בִּתְנוּעָה רוֹחֶשֶׁת,
עֲנָנַת הַפֶּחָם נָדְדָה בַּנְּיָר הֶעָצוּם
כִּיחִידַת קְרָב.

Nude Model

In a split second the piece of charcoal bit into
the line of the naked figure,
the small delicate artist did not let go
of her prey,
her fine fingers, bold and greedy,
rendered on the white drawing paper
the prodigious contours of the model's frame.
Exposed to all in the heated auditorium
the nude model stood on a mounted base,
revolving like a skewer.

The piece of charcoal grew smaller in the fingers,
as the model, like a home, was moved, piece by piece,
onto her new abode. She stood,
her arms devoutly encircling her head,
her thighs two brown cylinders meeting at her dense
and black pubic hair, her legs firm,
shifting position now and then,
and the aura of heat her body generated
surrounded her, warming the air in the room.

The small artist struggled, halted,
then let go of the contours and plunged deep
into the flesh, into the ocean of compact matter.
Small broken and shattered lines—
arrows, black seagulls—nipped and thumped
the paper, dispersed and reconfigured
into a new formation of energy
rustling in motion
the cloud of charcoal prowling the expanse of paper
like a combat unit.

הָרוֹשֶׁמֶת הַקְּטַנָּה נִסְעֲרָה נֶחְנְקָה
הַזְּמַן לֹא הִסְפִּיק, רַעַשׁ הַנּוֹכְחִים הָרַבִּים
שֶׁהִסְתִּירוּ לְסֵרוּגִין אֶת הַדֻּגְמָנִית הַיָּפָה,
הִיא עָמְדָה עַכְשָׁו רַק בִּשְׁבִילָהּ –
לְהֶמְשֵׁךְ הַמַּאֲבָק –
הַמַּאֲבָק לֹא הֻכְרַע
הַמַּאֲבָק לֹא מֻכְרָע

The small artist was agitated, breathless—
not enough time, the din all around,
the crowd that intermittently blocked
her view of the beautiful model
now posing only for her
to continue the struggle
the struggle has not ended
the struggle never ends

המנטור

הַמֶּנְטוֹר יָשַׁב נוֹטֶה, מְהַרְהֵר
עַל צִדּוֹ, נֵזֶר הַתְּהִלָּה שֶׁלּוֹ בָּעַר
עַל רֹאשׁוֹ הַיָּפֶה, תַּלְתַּלֵּי הַפֶּחָם
סְבִיב פָּנָיו הַחִוְּרִים הִבְהִיקוּ – חַם
הָיָה מְאֹד חַם.

מִתּוֹךְ תִּימָרוֹת שֶׁל זֹהַר, שְׁאוֹן
הַצִּלְצוּלִים וְהַקּוֹלוֹת, בָּאָה מוּלוֹ הַכִּשְׁרוֹן –
מְגֻרֶּשֶׁת טִפּוּחָיו, זִמְרַת סַנְוֵרִים מְתוּקָה
לְעֵינֵי הֲמוֹן אָדָם, לְעֵינָיו – נִפְתְּחָה.

הַמִּינוֹטָאוּר הַשּׁוֹעֵט בְּדָמוֹ נִסְתָּר,
תָּאֵב לִבְלֹעַ – הוּא מַעֲרִיךְ וְנִזְהָר.
עַלְמַת הַשִּׁיר הַיָּפָה עַל הַבָּמוֹת רָקְדָה
קוֹלָהּ הִרְטִיט, הַאֻמְנָם עוֹד תַּלְמִידָה

הֶהָמוֹן בִּלְתִּי נִרְאֶה, נִמְצָא שָׁם
עָצוּם וְכוֹאֵב פְּסַק דִּינוֹ – בְּנַפְשָׁם
יִגַּע וְיִפְצַע, בְּפִרְחֵי זַמָּרִים וְזַמָּרוֹת
הֲלֹא בְּכִבְרַת הַדֶּרֶךְ הֵם נְגוּעֵי מוּזוֹת.

מִסָּבִיב לִרְגָעִים דְּמָמָה נִדְהָמָה
לִרְגָעִים רַעַשׁ הִתְרַגְּשׁוּת, נְהָמָה.
הַמֶּנְטוֹר מִשְׁתָּאֶה, הוּא יוֹשֵׁב נוֹטֶה
מִינוֹטָאוּר הַהַצְלָחָה לֹא מִתְרַצֶּה –

מִי נִגְזַר דִּינוֹ לְהַרְחִיק לַתְּהִלָּה
מִי יַמְשִׁיךְ בָּאֲפֵלָה

The Mentor

The mentor sat, pensive, leaning
on his arm, his crown of glory burning
on his beautiful head, the coaly curls
glistened around his pale face—
warm, it was very warm

From mists of glamor, the clamor
of sounds and voices, the talent, the object of his care,
came toward him, the music of sweet dazzle
opened before him, before the crowd

The Minotaur racing in his blood is hidden,
eager to devour—he evaluates, and is cautious.
The beautiful maiden of the song dances on stages
her voice quivering—is she still a novice?

The crowd is invisible but present
its verdict decisive and cutting
it will touch and wound the souls
of the muse-struck fledgling singers

At moments, an astonished silence,
at moments, the din of excitement, a roar.
Dazzled, the mentor sits, reclining,
the Minotaur of success is not appeased

Who will be decreed to fame
who will proceed in the dark

פריס

א.

הִתְרַסְּקוּתָהּ שֶׁל הַמַּצְלֵמָה, דַּרְכּוֹן הַתַּרְבּוּת שֶׁלָּךְ לָעִיר הַזָּרָה
פָּרִיס, עַל רִצְפַּת הַפַּרְקֶט הַקָּשִׁיחָה שֶׁל הַלּוּבְר בַּיּוֹם הַשְּׁלִישִׁי לְבוֹאֵךְ
וְנַפְשֵׁךְ הִזְדַּעֲקָה – הַמַּנְגָּנוֹן הֶעָדִין שֶׁלָּהּ שָׁבַת וְנָדַם
וּתְעוּקַת מוּם וְעַוְלָה לֹא צְפוּיָה יָרְדוּ עָלַיִךְ,
צֵל עִוָּרוֹן מְדַמֶּה וְעַז הִתְפַּשֵּׁט בָּךְ כְּמוֹ גַּנָּב, שֶׁנִּגְזַל מִמֶּנּוּ הַצִּיּוּד
כְּלֵי הַפְּרִיצָה וְרֶכֶב הַמִּלּוּט עִם שְׁלָלוֹ. אִישׁ לֹא הוֹשִׁיעַ – אִישׁ מִלּוֹבְשֵׁי הַמַּדִּים
וְהַמְבַקְּרִים הָעֵדִים, אֲבָל אִישׁ לֹא מָנַע מִמֵּךְ לְהַמְשִׁיךְ וְלִרְאוֹת
לִצְפּוֹת בַּצִּיּוּרִים, בַּנּוֹפִים, אֲנָשִׁים, אַרְמוֹנוֹת, שֶׁהָעַיִן פָּגְשָׁה.
וְעָשִׂית זֹאת וְרָשַׁמְתְּ, אֲבָל חֻלְשַׁת דַּעַת שֶׁהַכֹּל חָלַף עַל פָּנַיִךְ:
כִּכָּרוֹת, וּבְנֵי אָדָם, סִירוֹת הַמָּנוֹעַ עַל הַסֵּין, כְּנֵסִיּוֹת עַתִּיקוֹת בִּתְנוּעָה
סוֹעֶרֶת רַבַּת רֹשֶׁם. עֵינַיִךְ נִפְעֲרוּ וְהָרְשָׁמִים שֶׁעִנְּגוּ נֶעֶצְרוּ עַל סִפֵּךְ
בְּחֹסֶר מַעַשׂ וְתַכְלִית – כִּי לֹא הָיָה כְּלִי לַחְלֹק עִמּוֹ אֶת הַיֹּפִי
עֲתִיר הַמִּשְׁקָל וְהַפְּרָטִים, פְּאֵר לֹא מְסֻמָּן וְנָתוּן לְכָל חֵפֶץ.
עַד שֶׁפָּגַשְׁתְּ בַּזִּמָּה, לִיאַנְדְּרוֹס בְּרוֹן? זְ'יָאנוֹ קָארְדוֹ
מִתַּחַת לְקִמְרוֹן הָאֶבֶן דְּמוּי קַפֶּלָה שֶׁבְּפְּלַאס דֶה ווֹז.
בֹּקֶר מְעֻנָּן, גֶּשֶׁם פְּנִינֵי אִלֵּם בָּאֲוִיר, הִרְטִיב אֶת סַפְסְלֵי הָעֵץ
וּפִתּוּחֵי הַבַּרְזֶל. גֶּשֶׁם עַל הַפֶּסֶל, הַמִּזְרָקָה וְחֶלְקוֹת הַדֶּשֶׁא הָעֵצִים;
בָּתֵּי קָפֶה הָמוּ בְּרַחַשׁ חָמִים, קָפֶה הוּגוֹ הַשּׁוֹקֵק, הַכִּכָּר הָיְתָה שֶׁלָּךְ.
"אֲבָל זֶהוּ קוֹנְטְרָאטֶנוֹר" אָמַרְתְּ לְעַצְמֵךְ בְּקוֹל בָּרֶגַע שֶׁרָאִית
גֶּבֶר לָבוּשׁ גְּלִימָה כְּחֻלָּה אֲרֻכָּה וְטוּרְבַּן טְרוּבָּדוּרִים לְרֹאשׁוֹ דְּמוּי כּוֹבַע נָזִיר,
הוּא עָמַד לְבַדּוֹ מַרְכִּין מְעַט פָּנָיו וְשָׁר וְשָׁר בְּמִנְעָד מַלְאָכִי
שֶׁנִּשָּׂא לְמַעְלָה וּמִלֵּא אֶת הַכִּכָּר – בְּהֶנְדֶל וּבַאךְ מוֹנְטֶוֶרְדִי וְרָאוֶל

Paris

1.

The camera, your passport to civilization in the foreign city,
crashed to the hard parquet floor of the Louvre on the third
      day of your visit,
and your soul cried out. Its delicate mechanism was stilled
and the unexpected burden of injury and injustice descended upon you,
the gloom of a powerful and assumed blindness spread in you like a thief
      robbed of his tools,
robbed of his getaway car and loot. No eyewitness came to the rescue—
not the uniformed guards, not the visitors—yet no one prevented you
      from continuing to observe
and look at the pictures, the landscapes, the people,
the palaces your eyes chanced upon.

And you did, and you took notes, but with the faint feeling that everything
flowed past you in a thrilling spectacular motion: squares, men and women,
motorboats on the Seine, old churches. Your eyes opened wide and the
      striking impressions
lingered on your threshold idle and purposeless
as there was no device to share the weighty detailed beauty with—
an unrecorded unmarked splendor accessible to all.

And then you came across the singer under the chapel-like vaulted arcade
at the Place des Vosges. A cloudy morning, a muted pearly rain in the air
dampened the wood benches and the iron engravings. Rain on the statue,
the fountain, the lawns, the trees. The cafés hummed a warm murmur,
the lively Café Hugo—the square was yours.
"But he is a countertenor," you said to yourself when you noticed him,
the man clad in a long blue cloak, a troubadour with a monk-like headdress.
He stood alone, his head slightly bowed, singing in an angelic voice
that rose and filled the square with Handel, Bach, Monteverdi, and Ravel.

הַמּוּסִיקָה נָשְׂאָה אֶת קוֹלוֹ אֶל תּוֹךְ הַגֶּשֶׁם הַצּוֹנֵן שֶׁהִמְשִׁיךְ לָרֶדֶת
וְאָז רָצִית לָתֵת וְלָתֵת וְלֹא לָקַחַת רַק. הַמַּצְלֵמָה שָׁתְקָה
וְנָתַתְּ לוֹ שְׂכַר אָמָּנוּתוֹ וְקִבַּלְתְּ תְּמוּרָתוֹ וְהָלַכְתְּ.

ב.

שִׂמְחַת הַהִתְמַצְּאוּת,
הִתְמַצְּאוּת וּמַכְשֵׁלַת הַהִתְמַצְּאוּת.
מְשִׂימַת הַהִתְמַצְּאוּת בְּעִיר לֹא זֵהָה, זָרָה
מְזִיזָה אוֹתָךְ כִּכְלִי מִשְׂחָק בְּמִשְׁבְּצוֹת הַמֶּרְחָב
בְּלִי שֶׁתֵּדְעִי מַהִי הַיָּד הַנֶּעֱלָמָה הַמּוֹלִיכָה,
"יַד עֲנָקִים זְדוֹנָה וּבוֹטַחַת", שֶׁעָלַיִךְ לִמְצֹא
לַעֲצֹר וְלִשְׁאֹל, לִתְפֹּשׂ, לְשַׁלֵּב יָד אִתָּהּ
מַגָּעָהּ בְּיָדֵךְ. כְּדֵי לָנוּעַ בַּמֶּרְחָב הֶעָצוּם,
שֶׁזָּרוּתוֹ וּלְשׁוֹנוֹ הַנָּכְרִיָּה נֶהֱדָפִים
דּוֹחֲפִים, מוֹעֲכִים עוֹטְפִים נִלְחָצִים עָלַיִךְ
כְּבֶגֶד לֹא מַתְאִים בְּמִדּוֹתָיו
שֶׁיֵּשׁ לְהַבְקִיעַ בּוֹ נְתִיבִים נְכוֹנִים לָךְ.

הַבֹּקֶר, הָרֶגַע מַמָּשׁ בְּהֹוֶה תְּמִידִי
קַו נִפְתָּל וְאַתְּ בּוֹ אוֹרַחַת נוֹטָה לָלֶכֶת,
שֶׁיָּצְאָה לָתוּר סָבִיב
וְהִנֵּה, הַכְּנֵסִיָּה הַגְּשָׁרִים רָעֲדוּ זָזוּ,
סָטוּ מִמְּקוֹמָם הַנִּצְחִי, עָפוּ לַעֲבָרִים
וְאוֹר רַךְ מִבַּעַד עֲנָנִים אֲפַרְפָּרִים
עַנְנֵי פָּרִיס בְּחֹדֶשׁ מַאי מַמְטִירִים זַרְזִיפֵי גֶּשֶׁם
עֲדִין עַל הַכֹּל.
אַתְּ לְבוּשָׁה יָפֶה, מַרְגִּישָׁה יָפָה
בְּכוֹבַע צֶמֶר אָדֹם פָּרִיסָאִי –
פְּרִיט מְקוֹמִי שֶׁמַּזְקִיף אֶת רֹאשֵׁךְ
זֵכֶר לְיָמִים שֶׁחָלְפוּ כָּאן בָּעִיר הַזּוֹ
בַּת עֶשְׂרִים כְּשֶׁהוֹבַלְתְּ בָּהּ אִישׁ עִוֵּר עָשִׁיר
לְעִנְיָנָיו. מִי שֶׁיּוֹצֵא לְבַד לוֹ
לְמֶרְחֲבֵי הִתְפַּעֲלוּת חֲדָשִׁים לוֹ

The music carried his voice into the cold rain that kept falling
and you wanted to give and give and not just take. The camera was inert
and you, in return, gave him for his artistry and continued on.

2.

The joy of familiarity,
familiarity and the hindrance to familiarly.
The goal to find your way in an unfamiliar city, foreign,
propels you as if you were a pawn across the squares of vastness
while you remain incognizant of the mysterious hand that guides you,
"the sure and mischievous hand of giants," that you must find,
stop and ask, grasp, join hands with it,
its feel in your hand, and so advance in the great vastness
whose strangeness and foreign tongue prod you,
pushing crushing wrapping and constraining you
like an ill-fitting garment
you must break through in paths suitable for you.

This morning, the moment is an ongoing present,
a winding line and you a guest in it, a guest who's inclined to walk,
who set out to explore,
and the river the church and the bridges shook and shifted,
straying from their eternal sites, flying every which way
and a soft light beyond the grayish clouds,
Parisian May clouds spray a delicate drizzle
over everything.
You're prettily dressed, you feel pretty,
wearing a red woolen hat,
a local purchase that lifts up your head,
a memento of days past, here in the city,
you were twenty, a guide to a wealthy blind man.
She who ventures out alone
to awe-inspiring realms new to her,

צָרִיךְ לִהְיוֹת מְצֻיָּד לוֹ
בְּמֵימִיַּת הַדִּבּוּר הַנָּכוֹן לוֹ
הַמַּבָּט וְהַקּוֹל. מַשְׁאַבִּים וְאֶנֶרְגְיָה
וְרָצוֹן נָחוּשׁ לִהְיוֹת הַרְפַּתְקָה בֶּאֱמֶת
עַד לְמִדָּה מְסֻיֶּמֶת. הַרְפַּתְקָה
לְנַפְשׁוֹ, לְגוּפוֹ שֶׁיִּהְיוּ אָז מוּכָנִים לְהִנָּשֵׂא
לַגֹּבַהּ, לְהִשָּׁלַח כְּצִפּוֹר לַמְּרוֹמִים וּלְהִתְהַפֵּךְ
לִצְחֹק מִתַּעֲנוּג וְלִפֹּל כְּטִפֵּשׁ, לְהֵחָבֵט וּלְהוֹדוֹת בְּטָעוּת.
זֶה לֹא הַכִּווּן, זֶה לֹא הָרְחוֹב
לֹא כָּאן זֶה שָׁם וְשָׁם זֶה שָׁם שָׁם.
אָז הִכָּנְסִי כְּבָר לְמַטָּה לְמַטָּה לְתוֹךְ הַמִּנְהָרוֹת הַנִּפְתָּלוֹת
בָּאוֹר הַלָּבָן הַקַּר וְהַמְּלָאכוּתִי לָנוּעַ בַּמֶּטְרוֹ
בְּתוֹךְ יְצִירַת פֶּלֶץ גְּאוֹנִית. קְחִי אֲוִיר!
הַכֹּל שָׁם יָכוֹל לְהִפָּסֵק לְפֶתַע
חֹשֶׁךְ מַחְנָק פֶּשַׁע בְּמַעֲמַקֵּי אוֹקְיָנוֹס הָאֶבֶן, הַפְּלַסְטִיק הַזְּכוּכִית
וְהַבַּרְזֶל
פֶּן תִּשָּׁאֲרִי לְלֹא כֶּסֶף לְלֹא כְּתֹבֶת לְלֹא דֶּרֶךְ
פֶּן פֶּן פֶּן
לְלֹא זֶהוּת, לֹא מְזֻהָה –
אֲבָל אֲבִיזְרֵי הַתִּקְשֹׁרֶת הַיְקָרִים, הֵם הַיָּד הַמּוֹלִיכָה
לֹא יַרְשׁוּ שֶׁזֶּה יִקְרֶה.
וְיֵשׁ נְקֻדַּת צִיּוּן לַפְּגִישָׁה בִּכְנֵסִיַּת סַן זֶ'רְמַן דֶּה פְּרֶה
בְּרֹבַע הַלָּטִינִי וְיֵשׁ גַּם רְחוֹב רִיבוֹלִי וְסַנְט פּוֹל הוֹטֶל דֶּה וִיל
וְדֶה טוּרַאן וְגַנֵּי הַטְּיוּלֶרִי מוּזֵיאוֹן קִי בְּרוֹנָלִי מוּזֵיאוֹן ז'וֹ דֶּה פּוֹם
וְשַׁעַר הַנִּצָּחוֹן לְיַד הָאוֹבֶּלִיסְק כְּטוֹטֶפֶת עֲנָק עַל הַשְּׂדֵרוֹת
כָּךְ הַזָּר בְּיוֹתֵר נַעֲשֶׂה לְזָר פָּחוֹת וּבְנְטוֹת הַשֶּׁמֶשׁ בַּיּוֹם הָרִאשׁוֹן
וְהַשֵּׁנִי אַתְּ כְּבָר יוֹדַעַת מַשֶּׁהוּ – לְהִשְׁתַּמֵּשׁ בַּמֶּטְרוֹ
לְהַזְמִין בִּירָה, חֲבִיתָה וְצִ'יפְּס וְקָפֶה וְלָשֵׂאת בְּהַכְנָעָה אֶת עֲשַׁן
הַסִּיגַרְיוֹת
שֶׁל הָאִשָּׁה הַמְּבֻגֶּרֶת בַּשֻּׁלְחָן הַצָּמוּד,
פָּרִיס.

must be equipped with the speech canteen that is right for her,
the gaze, the voice, resources and energy,
and the determination to live a real adventure
up to a point. An adventure for her spirit, her body, ready to be borne
aloft, to be launched like a bird and somersault,
to laugh with delight and stumble like a fool,
to be bumped and admit her error.
This is the wrong direction, this is not the street,
It's not here, it's there, there, over there.

So, go down already, down into the meandering tunnels
in the cold artificial white lights, ride the Métro,
in the ingenious daunting complex. Take a deep breath!
Everything down below may suddenly come to a halt,
dark suffocating crime in the depths of an ocean of stone plastic glass iron
lest you find yourself with no money no address no street
lest lest lest
no identity, no name
but the guiding hand, the dear electronic devices, they,
will not allow this to happen.

And there is a meeting point at the Church of St-Germain-des-Prés
in the Latin Quarter, and then there's rue de Rivoli,
and the Hôtel de Ville, St. Paul Place, Rue de Touraine, and the
          Tuileries Garden,
and the Musée du Quai Branly and the National Gallery Jeu de Paume,
the obelisk, and the Arc de Triomphe like a giant strap over the boulevard.
This is how the foreigner becomes less so, and as the sun sets
on the first day, and the second, one already knows something,
how to use the Métro, order a beer, an omelet, French fries, coffee,
and how to obligingly endure the cigarette smoke
of the old lady at the next table.
Paris.

משולה אני

מְשׁוּלָה אֲנִי לְמַחַט אַחַת
וּשְׁנֵי קוּפִים לָהּ בְּרֹאשָׁהּ,
בִּקְהָלָהּ מִסְתַּכְּלִים הֵם
לְהַעֲבִיר בּוֹ לְאַחוֹת בְּחוּט אֶחָד מַבָּט
וְנוֹפֵי אָדָם, מִינֵי אָדָם בְּזִכְרוֹנִי
מִבַּעַד לַקּוּפִים –
מִתְחַבְּרִים בִּי

קהל 1. תערוכה

פָּנִים מְחַיְּכוֹת, מְזַהוֹת
בֹּקֶר שַׁבָּת נָאֶה, מִכְנָסַיִם שֶׁל ג'ינְס וְחֻלְצַת תַּחְרָה לְבָנָה
מְהַלֶּכֶת צַעַד צַעַד בִּטְפִיפָה, בְּנַעֲלַיִם אֲפֹרוֹת וְגַרְבַּיִם לְבָנִים
בִּרְחוֹבוֹת תֵּל אָבִיב. נַחֲלַת בִּנְיָמִין שְׁקֵטָה וְנָמָה, דֶּרֶךְ מְרֻצֶּפֶת
מַרְצָפוֹת חֲלָקוֹת מַבְהִיקוֹת, גּוֹבְלוֹת בַּחֲנֻיּוֹת נְעוּלוֹת, חַלּוֹנוֹת רַאֲוָה
לְלֹא רַאֲוָה – מִי יִסְתַּכֵּל בַּנַּעֲלַיִם הַתְּלוּיוֹת, בְּבִגְדֵי הָאָפְנָה
בְּבִגְדֵי הַיָּם, בַּמִּסְגְּרוֹת בַּמַּצָּעִים כְּסָתוֹת וְכָרִים וּרְקָמוֹת,
מִסְעָדָה וּמִסְעָדָה לְיָדָהּ
וּבֵית קָפֶה, גָּלֶרְיָה וּבַדִּים בַּדִּים – כֻּלָּם רְדוּמִים וּנְעוּלִים.
וְאֵינִי פּוֹרֶצֶת וְאֵינִי שׁוֹבֶרֶת וְלֹא אֵשׁ נִצֶּתֶת בְּיָדַי לֹא מוּעֶדֶת לֹא צוֹוַחַת
לֹא נִמְלֶטֶת בִּמְשׁוּבָה.
וַאֲנָשִׁים מְקַבְּלִים אֶת פָּנַי בְּנֹעַם בַּמָּקוֹם הַמְּיֹעָד
תַּחֲנָה רִאשׁוֹנָה – קִירוֹת גָּלֶרְיָה עוֹטִים עֲרוּגוֹת פְּרָחִים עֲשׂוּיִים
צִיּוּרִים שֶׁל פְּרָחִים וְרֵיחַ מְשֻׁדָּר בַּחֲלַל הַחֲדָרִים
וַאֲנִי עוֹשָׂה בְּלִבִּי מָקוֹם לַאֲנָשִׁים,
אֲנָשִׁים שֶׁהֶחְלִימוּ וּבָאוּ מִמֶּרְחַקִּים שׁוֹקְקִים לַשִּׁירָה,

I Am Likened

I am likened to a needle
with two eyes in her head,
observing the people around her,
seeking to thread with one strand and stitch together
a gaze and human landscapes
an assortment of people in my head   behind the eyes
join in me

Audience 1. Exhibition

A smiling face, discerning,
a pleasant Saturday morning, jeans and a white lacy shirt,
gray shoes and white socks, walking step by jaunty step
in the streets of Tel Aviv. Nachalat Binyamin is quiet and drowsy,
a paved path, smooth gleaming paving stones, locked stores,
shop windows with no shoppers to gaze at the shoes on display,
the fashionable garments, the bathing suits, the picture frames,
the quilts, the linen, the pillows, the embroideries,
a restaurant and another one next to it,
and a café, an art gallery, and fabrics—all dormant and locked.
And I don't break in, and I don't smash or start a fire,
I don't teeter, don't shout with glee and beat a hasty retreat.
At the appointed place people cordially welcome me,
first stop—the gallery walls are festooned with artificial flower beds,
with paintings of flowers, a ventilated scent hangs in the rooms,
and I make room for people in my heart,
convalescents who have come from afar,
eager for poetry,

שִׁירַת הַפְּרָחִים
וְקָרָאתִי שִׁירֵי מוּלָם וְעִמָּם עָמַדְתִּי
בְּלֵב הַשָּׂדֶה לֵב הָעִיר.

פ.ח.

מְשׁוּלָה אֲנִי לְמַחַט אַחַת
שֶׁנּוֹדֶדֶת מִתְנַדְנֶדֶת בֵּין הַקְּהָלִים
בְּיוֹם אֶחָד – שַׁבָּת
מִינֵי קְהָלִים שֶׁלְּשׁוֹנָם עִבְרִית אַךְ לֹא אַחַת.

מְשׁוּלָה אֲנִי לְמַחַט
וּשְׁנֵי קוּפִים לָהּ בְּרֹאשָׁהּ.
מִקְּצֵה הָאֶחָד נִדְחֶפֶת
בְּאֶצְבְּעוֹת הַחַיִּים הָאֲרֻכּוֹת
וּמִקְּצֵה הַשֵּׁנִי נִמְשֶׁכֶת

קהל 2. סעודה

וְהָלְאָה וְהָלְאָה הַחוּצָה מִשָּׁם לִרְחוֹבָהּ שֶׁל עִיר
אֲנָשִׁים אֲחֵרִים לְכָאן יָבוֹאוּ, זֻמְּנוּ בִּידֵי אִשָּׁה אַחַת
לִרְצוֹנָהּ הַמְּאַחָה – מִסְעָדָה בְּצָהֳרֵי שַׁבָּת
וַאֲנַחְנוּ כָּאן, וַאֲנִי כָּאן עִם שִׁירַת הָעִיר,
נוֹפֵי אָדָם נָעִים מִתְחַלְּפִים
בֵּין כּוֹכִים וּשְׂדֵרוֹת בָּרְחוֹבוֹת,
עַל סַפְסְלֵי עֵץ, עַל מִדְרָכוֹת כִּכָּרוֹת וּמְבוֹאוֹת
תַּחֲנוֹת תַּחֲנוֹת תַּחֲנוֹת דֶּלֶק וּבְרִיאוּת
טִפּוּחַ וַהֲזָנָה וַחֲזָרוֹת חֲזָרוֹת
מַעְגָּלִים וְטַבְּעוֹת מֶבִּיוּס וּסְפִּירָלוֹת

the poetry of flowers,
and I read my poems before them and stood with them
at the heart of the field the heart of the city.

Refrain

I am likened to a needle
that travels and seesaws
between one audience to the next
in one day—Shabbat,
diverse audiences whose tongue is Hebrew but not one Hebrew

I am likened to a needle
with two eyes in her head.
On one end she is pushed
with life's long fingers
and is pulled from the other end

Audience 2. Repast

And out of there and onward to another street in the city,
other people will arrive, assembled by a woman
and her binding wish—a restaurant at noon on Saturday,
and here we are,
and I am here with the poetry of the city,
human landscapes shifting moving
through alcoves boulevards streets,
wood benches, sidewalks, squares, alleyways,
bus stops, gas stations, health centers,
nurture and nutrition,
circles Möbius strips and spirals

פְּרַקְטָלִים אֱנוֹשִׁיִּים.
אוֹרְחִים מֻזְמָנִים אֲנַחְנוּ אוֹכְלִים בָּשָׂר וְלֶחֶם
בִּמְסִבָּה לְמשֶׁה רַבֵּנוּ – מְסִבַּת הַפְתָּעָה
לְמשֶׁה – נַהַג מַשָּׂאִית, דוֹקְטוֹר מֻמְחֶה
מִזְרָחָן אוֹ זַבָּן, סוֹחֵר אוֹ שַׁדְרָן אוֹ בַּדְרָן עֲבַרְיָן
שׁוֹפֵט אוֹ מוֹרֶה מְאַהֵב בַּעַל אָב וְ/אוֹ מַהְפְּכָן.
בְּאַפְלוּלִית הָאוּלָם, הַסּוֹעֲדִים מַעֲלִים אִפְיוּנִים אִפְיוּנִים
לֶחָתָן בֶּן הַ־50 מְבָרְכִים וְשׁוֹתִים וְהַכֹּל נִרְאֶה בְּמָסַכִּים גְּדוֹלִים
וּלְאַחַר שֶׁפַּסּוּ הַנְּטִיּוֹת: דּוֹד וּבֶן דּוֹד, אָב חָבֵר אוֹ שָׁכֵן
הַסְּעוּדָה נִמְשְׁכָה לְמִינֵי מְתִיקָה וּמַשְׁקֶה
קַמְתִּי קַנָּאִית, יַעֲרַת שִׁיר,
וְהָלַכְתִּי מִשָּׁם לְדַרְכִּי

פ.ח.

מְשׁוּלָה אֲנִי לְמַחַט אַחַת
וּשְׁנֵי קוּפִים לָהּ בְּרֹאשָׁהּ
בִּקְהָלָהּ הֵם מִסְתַּכְּלִים
לְהַעֲבִיר וּלְאַחוֹת בְּחוּט אֶחָד
מַבָּט וּפֶה,
מַבָּט וּפֶה.

human fractals.
Invited guests, we partake of meat and bread,
a party for Moshe Rabbenu, a surprise party
for Moshe: possibly a truck driver, a doctor, a scholar or a salesman,
a merchant or a broadcaster or a comedian, a criminal, a judge or
        a teacher
lover husband father and/or anarchist.

In the dimness of the room, the diners offer
depictions upon depictions of the fifty-year-old groom,
they bless and drink and everything is projected on large screens.
And after all relations have been identified: uncle and cousin,
father, friend, or neighbor,
the repast concluded with desserts and digestifs.
and I rose, envious,
a poem honeycomb,
and continued on my way

Refrain

I am likened to a needle
with two eyes in her head
looking at people around her, seeking
to thread with one strand and stitch together
a gaze and a mouth,
a gaze and a mouth.

קהל 3. הכתרה

מִלָּה בְּלֶחֶם
לֶחֶם מַיִם וְדִבּוּר.
לְעֵת עֶרֶב,
לְעֵת עֶרֶב הַשָּׁאוֹן גּוֹבֵר בָּעִיר
אֲנָשִׁים מְמַלְּאִים אֶת רְחוֹבוֹתֶיהָ מִדְרְכוֹתֶיהָ
מִסְעֲדוֹתֶיהָ, מוּאָרִים וּפָנָסִים חוֹלְפִים וּפָנָסִים עוֹמְדִים
וַאֲנָשִׁים הוֹלְכִים לִיעָדִים שׁוֹנִים.
וּמַרְאוֹת הַבֹּקֶר, טַעֲמֵי הַצָּהֳרַיִם
נָחִים בְּקַרְקָעִית רֹאשִׁי, וַאֲנִי
שֶׁלְּמַחַט אַחַת נִמְשַׁלְתִּי וּשְׁנֵי קוּפִים לָהּ בָּרֹאשׁ
אֶל מֶרְחַב הָעֶרֶב שָׁלַחְתִּי – הֶטֵּל
אֶת לְשׁוֹן הַפָּר הָאֲרֻכָּה שֶׁלִּי,
מְחֻסְפֶּסֶת וּכְחַלְחַלָּה – לִטְעֹם.

וְשָׁם בַּר,
שָׁם מוֹעֲדוֹן וּרְקִיעוֹת
שָׁם אֲנִינֵי הַטַּעַם, קָהָל בַּחֹשֶׁךְ,
הִזְדַּהֲרֻיּוֹת בָּמָה עַזּוֹת.
כֻּלָּם זֻמְּנוּ לַמּוֹפָע – אָמָּנִים אָמָּנִיּוֹת
וּמְשׁוֹרֵר הָעֶרֶב נִסְתַּר בֵּינֵינוּ
לִרְגָעִים נִשָּׂא, מוּאָר
כִּי כָּל הַיּוֹם הַזֶּה כֻּוַּן –
לַהַכְתָּרָה,
לִקְהַל הַכְתָּרָה.

Audience 3. Coronation

Word in bread
bread water and chatter.
Evening.
In the evening the din rises in the city
people crowd its streets its sidewalks its restaurants,
passing lights and stationary lights
and people walking to sundry destinations.
The morning sights and the noontime flavors
linger at the base of my head, and I,
likened to a needle with two eyes in her head,
release into the evening air a projectile—
my long ox-tongue, rough and bluish—
to savor.

And over there a bar,
over there a club and stomping feet,
over there the cultured are seated,
an audience in the dark,
clever luminaries on stage.
All have been invited to the show—celebrated artists,
and the poet of the evening is somewhere among us,
at moments lauded, illuminated,
the entire day has been dedicated
to the coronation,
to the coronation audience.

פ.ח.

מְשׁוּלָה אֲנִי לְמַחַט אַחַת
וּשְׁנֵי קוּפִים לָהּ בְּרֹאשָׁהּ:
יָמִין וּשְׂמֹאל
וּבִקְהָלָהּ הֵם מִסְתַּכְּלִים
לְהַעֲבִיר מַבָּט וּלְאַחוֹת

Refrain

I am likened to a needle
with two eyes in her head:
right and left
looking at the people around her, seeking
to thread a gaze and stitch together

גינת הגינות

מַיִם אֲבָנִים אֲבָנִים
פְּרָחִים דְּשָׁאִים
מַיִם אֲבָנִים
שְׁבִילִים עוֹלִים
יְלָדִים מִשְׁתַּכְשְׁכִים
מַיִם אֲבָנִים
צִפֳּרִים שָׁרִים
עֵצִים עֵצִים עֵצִים
נִצְחוֹן הָאֲוִיר
נִצְחוֹן הָרֹךְ
נִצְחוֹן הַצְּחוֹק
נִצְחוֹן הַחֹק
הַטִּבְעִי שֶׁל צְמָחִים רַפְרַפִּים
שֶׁל הַחַיִּים הָרוֹצִים הָרָצִים
רָצִים הוֹלְכִים וּמִתְהַלְּכִים
מִתְלַכְלְכִים וְשׁוֹכְחִים
רָצוֹא וָשׁוֹב רָצוֹא וָשׁוֹב
מְדַבְּרִים מְשׂוֹחֲחִים
וְעָפִים וְעָלִים וּמַלְאָכִים...
וּכְשֶׁהַשֶּׁמֶשׁ הוֹלֶכֶת
הוֹלְכִים גַּם הֵם
וְהַגִּנָּה נִשְׁאֶרֶת פְּתוּחָה

The Garden of Gardens

Water   stones   stones
flowers   lawns
water   stones
ascending paths
children   splashing
water   stones
birds singing
trees   trees   trees
the triumph of air
the triumph of softness
the triumph of laughter
the triumph of nature
of plants and butterflies
of living   wishing   rushing
rushing walking and strolling
getting soiled and forgetting
running back and forth   back and forth
talking discussing
and soaring and tree leaves   and angels
and as the sun departs
they depart too
and the garden remains open

נוף בערפל

הַשִּׁיר שֶׁהָיָה רוֹצֶה לְהִכָּתֵב הוּא שִׁיר נוֹף
עַרְפִלִּי, מוּאָר בְּשֶׁמֶשׁ בֹּקֶר קְלוּשָׁה וּסְמוּיָה
עֲטוּר עַנְפֵי עֵצִים וְעָלִים,
שְׁבִילֵי עָפָר תְּחוּחִים וּפְרָחִים חִוְּרִים
אֲבָל
מַה בָּעֲרָפֶל מַפְצִיר בִּי לִהְיוֹת שִׁיר,
לִהְיוֹת נֹאמַר סוֹנָטָה עַרְפִלִּית לְפְסַנְתֵּר,
יְצִירָה לְקֶרֶן יַעַר אוֹ צִיּוּר?

הָעֲרָפֶל מַתְרִיעַ וּמְכַסֶּה,
מַקְשֶׁה עַל הַבָּאִים אֵלָיו, מַזְהִיר וּמוֹשֵׁךְ
בַּמִּסְתּוֹרִין.
אֲנִי יוֹשֶׁבֶת עַל סַפְסָל חוּם
מֵהַנְּטוּעִים בַּגַּן, בַּמָּקוֹם הֲכִי יָפֶה –
רוֹאָה אֶת הַכֹּל וְנִסְתֶּרֶת מֵעֵין הָאֲחֵרִים
כְּמוֹ הָעֲרָפֶל.

Landscape in Fog

The poem that would like to be written is a poem
of a landscape in fog, illumined by a faint and invisible
      morning sun,
adorned with tree branches and leaves,
dirt pathways and pale flowers,
and yet,
what is it in the fog that urges me to be a poem,
to be, let's say, a fog sonata for piano,
a composition for a French horn or a painting?

The fog forewarns and shrouds,
making it hard for those who approach,
it cautions and beckons
inscrutable.
I sit on a brown bench planted in the park,
positioned in the most beautiful spot—
invisible to others I see everything
like the fog.

נוף ים

וְהַיָּם יִהְיֶה נוֹחַ עַד גַּלִּי,
– – – – – –
וְזֶה כְּבָר לֹא לְגִילִי
כַּף רַגְלִי, דִּמִּיתִי
כְּכַף רַגְלוֹ שֶׁל אִיקָרוּס, תֵּצֵא מִתּוֹךְ הַמַּיִם
עַל פְּנֵיהֶם תַּבְהִיק בְּלָבְנָהּ.
בְּרוֹיגֶל בְּרוֹיגֶל – שְׁאֵלָה:
הַאִם טָרַחְתָּ לְצַיֵּר אֶת גּוּפוֹ הַשָּׁקוּעַ
בִּמְצוּלוֹת הַמַּיִם הַכְּחֻלִּים,
שֶׁל בֶּן דֶּדָלוּס – לֹא נֵדַע.

וְהַיָּם סְבִיבֵנוּ הִתִּיז כָּחֹל
נוֹחַ עַד גַּלִּים,
סִירוֹת מִפְרָשׂ רְשׁוּמוֹת כְּסִימָנִים
וְשַׁלְדָּג אֶחָד בֵּין הַסְּלָעִים נִתֵּר.
מֵעַל הַמֵּזַח צָפִינוּ,
יָפוֹ נִשְׂאָה עַל הַמַּיִם,
לְבָנִים בָּתֶּיהָ כְּקַשְׁקַשִּׂים צְפוּפִים
עוֹמֶדֶת לְהַפְלִיג לְמֶרְחַקִּים
עוֹד רֶגַע, וְתָרְנֵי הַסִּירוֹת בַּמַּעֲגָן
מִתְנוֹעֲעִים, כְּבָלִים מְשַׁקְשְׁקִים
מְעַט אֲנָשִׁים שׂוֹחִים, מְשַׁכְשְׁכִים
וְקוֹלוֹת אַזְעָקָה עוֹלִים וְיוֹרְדִים וְעוֹלִים
וְהַיָּם נוֹחַ עַד גַּלִּים.

Seascape

And the sea will be calm and possibly wavy,
—   —   —   —   —

such a forecast at my age is no longer welcome.
I imagine that my foot,
like Icarus's, will rise from the water
and shine its whiteness upon it.

Bruegel Bruegel—a question:
Did you take pains to paint the body
of Daedalus's son submerged in the depths
of the blue water—we will never know.

And the sea around us sprayed a calm
blue and possibly wavy,
sailboats were noted as markers
and a kingfisher hopped among the rocks.

From the pier we watched
Jaffa borne aloft upon the water
its white homes closely packed like fish scales
about to sail away at any moment.

And the masts of boats at the dock
sway, cables rattle,
a few people swim, splash,
and the sound of sirens is rising and falling, rising and falling,
and the sea is calm and possibly wavy.

"הַגֶּשֶׁם יוֹרֵד,
שָׁנָה שָׁנָה הַגֶּשֶׁם
הוּא נְבִיא הַפְּרִי."
יאיר הורביץ, "אנטומיה של גשם"

*

שׁוּב פַּעֲמוֹנֵי גֶּשֶׁם יוֹרְדִים כְּסוּפִים תְּכֻלִּים
לֹא נִרְאִים, רוֹחֲשִׁים רְחִישַׁת נֹעַם רָטֹב
וְנִרְגֶּשֶׁת כְּיַלְדָּה אֲנִי
מְעַשֶּׁנֶת סִיגַרְיָה אַחֲרוֹנָה בִּשְׁעַת עֶרֶב
עַל אֶדֶן הַחַלּוֹן וּמִתְרַטֶּבֶת

*

הַגֶּשֶׁם מְנַגֵּן לִי
עַכְשָׁו, שְׁעַת לַיְלָה טֶרֶם שַׁחַר
וְהַחַלּוֹן נִפְתָּח, חַלּוֹנִי נִפְתָּח
כְּדֵי לַחֲפֹּן פָּנַי בּוֹ
לְהַטִּיל מַבָּטִי בָּאוֹרוֹת הַקְּלוּשִׁים
בִּשְׁאוֹנוֹ בְּרִבּוֹא טִפּוֹתָיו
דִּמִּיתִי אוֹתוֹ פַּעַם לְמַסִּיג גְּבוּל יְפֵהפֶה
מִי הַגֶּשֶׁם
מִי?

Rain is falling,
year after year the rain
is the prophet of fruit.

Yair Hurvitz
"The Anatomy of Rain"

*

Again the bells of rain are falling silvery blue
invisible, humming the hum of wet delight
and I, excited as a child,
smoke a last cigarette as evening descends
sitting on the windowsill, getting wet

*

Now, at a predawn hour,
the rain plays to me
and the window opens, my window opens
and I press a handful to my face
hang my gaze on the faint lights.
In its roar and its myriad drops
I once imagined it as a handsome trespasser—
who is the rain
who is it?

נמען יקר

נִמְעֶנֶת יְקָרָה,
הַאִם עֲדַיִן תִּתְעַנְיֵן בִּי,
בִּי שֶׁחַיֶּיהָ הַצְּעִירִים חָלְפוּ
אַךְ צוֹעֶדֶת עוֹד בִּרְחוֹבוֹת הָעִיר
וְנוֹקְשׁוֹת רַגְלֶיהָ בַּדְּרָכִים לִיעָדֶיהָ
מַמְשִׁיכָה לִצְעֹד, קוֹבַעַת מוֹעֲדִים לָהּ לְהַשְׁכִּים בַּיְקוּם
לְהַחְלִיף מַבָּטֶיהָ עִם עֲלֵי הַדֶּקֶל וַעֲנָפָיו הַנִּשָּׂאִים
פְּרָחָיו וְצִפֳּרָיו הַקְּבוּעִים
לִרְאוֹת שׁוּב אֶת שִׂיחֵי הַתַּבְלִינִים בַּגִּנָּה
לִתְלֹשׁ לְמוֹלֵל עָלִים לִבְצֹר רֵיחוֹת
לְהִתְבַּשֵּׂם בְּמָה, שָׁכְחָה –
לְהִתְבַּשֵּׂם שׁוּב בַּחַיִּים שֶׁבְּכָל זֹאת
בְּכָל זֹאת נִמְעָן יָקָר שֶׁלִּי
הֵם טוֹבִים.
נָעַמְתָּ לִי מְאֹד
הִפְלֵאתָ כְּפָרָשׁ מְכֻנָּף לִרְכֹּב
בַּמַּעֲבָר הַבִּלְתִּי נִתְפָּשׂ לִי –
מֵהֱיוֹתְךָ מִצְבּוֹר שֶׁל מִלִּים זוֹהֲרוֹת בַּמָּסָךְ
לְהוֹפָעָתְךָ –
שֶׁהִיא הַהוֹכָחָה הֲכִי מַרְהִיבָה לְקִיּוּמְךָ
לִהְיוֹת לְצִדִּי
וּבְיָדִי הָרוֹעֶדֶת תֹּאחַז
לִלְחֹץ אוֹתָהּ...חַם

Dear Addressee

Dear addressee,
would you still be interested in me?
A woman whose young years have passed
but she is still out, taking on the city streets,
her feet tapping the pavement
as she goes about her daily life.
She continues to stride, setting up appointments
to rise early in the universe,
to exchange glances with the palm tree's
fronds, its lofty branches,
its flowers and regular birds,
to gaze again at the herbs in the garden,
to tear and crumble leaves to collect scents
and to be scented—in what? She has forgotten.
To be scented again in life that is after all
after all, my dear addressee,
very good.

You pleased me very much
wondrous like a winged horseman
riding across the passage inaccessible to me.
You're a trove of brilliant words on the screen
and your appearance
is the most spectacular proof that you exist
to be at my side
to hold my trembling hand
to squeeze it   warmly

וְכָךְ נֵשֵׁב יַחַד מְכֻרְבָּלִים בִּמְעִילִים, בְּבֵית הַקָּפֶה
בְּעֶרֶב חָרְפִּי צַח וְקַר נְעַשֵּׁן וְנַבִּיט בָּאֲנָשִׁים הַחוֹלְפִים
הָעוֹמְדִים וְהַיּוֹשְׁבִים,
בְּאוֹרוֹת הַשְּׁלָטִים הַצִּבְעוֹנִיִּים מְהַבְהֲבִים
בְּאוֹרוֹת הַמְּכוֹנִיּוֹת וְלֹא נִתְיַחֵס אֲלֵיהֶם –
סְבִיבֵנוּ הֵם,
הָאֲנָשִׁים בָּעִיר שֶׁאָנוּ בָּהּ,
בְּטוּחִים נִמְעָן יָקָר שֶׁלִּי.
בִּרְגָעִים כָּאֵלֶּה דָּפְנוֹתַי מִשְׁתַּפְּצִים מֵחָדָשׁ
רֶגַע הַקְּרִיסָה מֻרְחָק לֶעָתִיד הָעֲתִידִי בְּיוֹתֵר
וְזֶה הֲרֵי אֹשֶׁר

And so, bundled up in our coats, we will sit together
in a café on a clear and cold winter evening
and we will smoke and watch the passersby,
watch the people standing or sitting
watch the colorful blinking neon signs
the cars' headlights
but we won't pay them any mind—
they are around us,
residents of the town where we,
my dear addressee, live and feel secure.
At such moments my walls are restored anew
the moment of collapse delayed far into the distant future,
and this, ultimately, is bliss

לבלי הכר

"וַאֲכַלְתֶּם יָשָׁן נוֹשָׁן
וְיָשָׁן מִפְּנֵי חָדָשׁ תּוֹצִיאוּ" (ויקרא כ"ו 10)
וְיָשָׁן עַל פְּנֵי יָשָׁן תַּשְׁאִירוּ

א.

וְאַף שֶׁפְּנִים הַבַּיִת הִבְהִיק
הָאֲרִיחִים הֻחְלְפוּ
הַדְּלָתוֹת הֻחְלְפוּ
צְהָרִים חֲדָשִׁים נִפְרְצוּ
פְּתָחִים נִפְתְּחוּ וּמַשְׁקוֹפִים הֻתְקְנוּ
וְיָדִיּוֹת חֲדָשׁוֹת בַּאֲדִיקוּת עוֹשׂוֹת אֶת מְלַאכְתָּן בִּנְקִישָׁה
אֲרוֹנוֹת חֲדָשִׁים הֻכְנְסוּ
חַלּוֹנוֹת נִקְבְּעוּ וּשְׁמָשׁוֹת הוּשְׂמוּ
וְכִירַיִם וְכִיּוֹרִים סֻדְּרוּ וְקִיטוֹן אֶחָד
וְשֻׁלְחָן בַּמִּטְבָּח הֻצַּב
מְשֻׁכְלָל וּבוֹ תָּאִים מְגֵרוֹת וּמַדָּפִים נִשְׁלָפִים –
הָיְתָה בּוֹ בְּגִידָה.

לִבְלִי הֶכֵּר הַכֹּל
לִבְלִי הֶכֵּר –
שֻׁנּוּ פְּנֵי הַבַּיִת
וְנֶעֶלְמוּ נִמְחֲקוּ זִכְרוֹנוֹתָיו,
וּכְשֶׁאוֹרְחִים מִן הֶעָבָר הִגִּיעוּ
לֹא מָצְאוּ אֶת מְקוֹמָם –

Unrecognizable

> "And ye shall eat old store
> and bring forth the old because
> of the new."
> (Leviticus 26:10)

And old upon old let stand

1.

And even though the interior of the home sparkled—
the tiles replaced
the doors replaced
new vents appeared
doors and frames installed
and new knobs that turn with a click
new cabinets brought in
windows set and panes placed
a stove and sinks fitted
as well as an alcove
a fancy table was added
with compartments drawers and pull-out shelves—
a betrayal.

Everything is unrecognizable,
unrecognizable,
the face of the home has been altered,
its memories gone, obliterated,
and when old friends arrived
they could not find their way

לְבְלִי הֶכֵּר שֶׁנָּה הַבַּיִת
לִבְלִי הֶכֵּר
וְהֵם הָיוּ כְּנִבְגָּדִים.

ב.

וּבְבַיִת אַחֵר, בְּעִיר אַחֶרֶת
קָרָה הַכֹּל אַחֶרֶת
בְּעֶצֶם לֹא קָרָה דָּבָר,
מִלְּבַד חִלּוּף הַזְּמַן –
אֲרִיחִים לֹא הֻחְלְפוּ, כֵּן
דֶּלֶת הַכְּנִיסָה נִשְׁאֲרָה בִּמְקוֹמָהּ
צָבְרָה עוֹד חֲרִיצִים צַלָּקוֹת וּכְתָמִים
אֲרוֹנוֹת חֲדָשִׁים לֹא הֻתְקְנוּ
הַשֻּׁלְחָנוֹת נִשְׁאֲרוּ בִּמְקוֹמָם, בְּחָזוּתָם
כֵּן, הַכִּירַיִם וּלְשׁוֹנוֹת הַדְּלָתוֹת קְצָת חָרְקוּ
וְהַיָּדִיּוֹת עוֹד צָנְחוּ קִמְעָא
פִּנַּת הַיְשִׁיבָה חֻדְּשָׁה קַלּוֹת
וְהָאוֹרְחִים שָׂמְחוּ,
מָצְאוּ אֶת מְקוֹמָם וְהִמְשִׁיכוּ
אֶת הַשִּׂיחָה שֶׁנֶּעֶצְרָה
לִפְנֵי חֳדָשִׁים אוֹ יָמִים וְאֶפְשָׁר
שָׁנִים

so thoroughly was the home transformed
and they felt betrayed.

2.

And in another home, another city
everything transpired differently
or, actually, nothing did,
except the passing of time.
Tiles were not replaced, and yes,
the front door remained in its place
accruing more scratches scars and stains
new cabinets were not installed
the old tables remained in place, and yes,
the stove and the doors creaked a little
and the knobs loosened some more
the living room indeed was revamped a bit
and the visitors were pleased
they found their way and picked up
the conversation where it had stopped
months or days or possibly years
before

אחים

"וַיְהִי־הֶבֶל רֹעֵה צֹאן וְקַיִן הָיָה עֹבֵד אֲדָמָה".
בראשית ד 2

שְׁנֵי אַחִים הָיוּ
מֵאָז שָׁנִים רַבּוֹת...
וְהַזְּמַן מַמָּשׁ לֹא מְשַׂחֵק תַּפְקִיד –
דַּרְכֵי אָדָם תָּמִיד הוֹלְכוֹת, מַרְחִיקוֹת זוֹ מִזּוֹ
וּמִנְקֻדַּת מוֹצָאָם הַמְשֻׁתֶּפֶת:
אֵם אַחַת וְאָב אֶחָד, הֵם שֻׁלְּחוּ
מְצֻיָּדִים בְּצֵידָה שֶׁל רוּחַ וְשֶׁל גּוּף
וְאִישׁ מֵהֶם לֹא נִשְׁלַח לִמְשִׂימָה
וְאִישׁ מֵהֶם לֹא נוֹעַד לְמָה –
קָמוּ וְלָקְחוּ מִשְּׁלָלָם הַגֶּנֶטִי,
מַה שֶּׁרָצוּ וּמַה שֶּׁנָּפַל בְּחֶלְקָם
וְטִבְעָם הַחַד־פַּעֲמִי הוֹלִיךְ אוֹתָם
לַעֲשׂוֹת מַעֲשִׂים נִבְדָּלִים.

וְהֵם יָפִים וּבְהִירֵי עֵינַיִם וּתְמִירִים
וּלְשׁוֹנָם הָעִבְרִית צֶחָה וְקוֹלַחַת
חָכְמָה וּמַחֲשֶׁבֶת –
בְּפִיו שֶׁל הָאֶחָד שׁוֹקֶלֶת מְצַלְצֶלֶת חֲרוּזָה
חֲרוּזֵי חִשּׁוּבִים, מִזְדָּרֶזֶת זְהִירָה לִמְדֹּד
וּלְהַכְרִיעַ נָכוֹן בִּמְזֻמָּנִים.
וּלְשׁוֹן הָאָח הַשֵּׁנִי בִּלְתִּי נִתְפֶּשֶׂת
תּוֹעָה בַּשָּׂדוֹת וּבַיְבוּלִים רוֹקֶדֶת עַל תְּלָמִים
וּרְגָבִים, בֵּין קָנִים נִשָּׂאִים וְעָלִים, בְּחָזוֹן נִסְתָּר
שָׁרָה וּמְעוֹרֶרֶת אֶת הַנִּסְתָּר שֶׁבַּיֵּשׁ
אֶת הַיֵּשׁ שֶׁבַּנִּסְתָּר.

Brothers

> "And Abel was a keeper of sheep,
> but Cain was a tiller of the ground."
> (Genesis 4:2)

There were two brothers
many years ago . . .
and time really is inconsequential—
people's ways diverge, getting farther
away from their shared commonality.

One mother and one father, the brothers were launched
equipped with provisions for body and spirit
neither of them had been assigned a mission
neither of them had been assigned a calling.
They made use of their genetic loot
took what they wanted and what came their way
and their distinct nature led them
to disparate undertakings.

And they are handsome, bright-eyed and tall
their Hebrew clear and fluent
clever and deliberate.
In the mouth of one, it weighs rings and rhymes,
verses of calculations, quick and alert to figure out
and to correctly deduce the amount.
The language of the other brother is flitting,
wandering in fields and crops, dancing among furrows
and clods, among tall reeds and leaves.
In a secret vision it sings and evokes the invisible in the visible
the visible in the invisible.

הָאֶחָד יוֹשֵׁב בֵּין הָרְהָטִים וּמְמַלֵּא אוֹתָם
תִּירוֹשׁ וּשְׁטָרוֹת, מִשְׁפַּחְתּוֹ עֲנֵפָה וּדְשֵׁנָה
חוֹמְדֵי כֶּסֶף עֲטוּפִים כֹּפֶר
וּמִשְׁפַּחַת הָאָח הַשֵּׁנִי פְּזוּרָה וּמְפֻזֶּרֶת,
פָּרִים וְרָבִים אַךְ
רָבִים...
וּשְׁנֵיהֶם רָחֲקוּ זֶה מִזֶּה מְאֹד
בְּאוֹרְחוֹת חַיֵּיהֶם – אֵיבָה נִתְגַּלְּעָה בֵּינֵיהֶם
לֹא קָרְבוּ –
וְרַק עַל קִבְרֵי אֲבוֹתֵיהֶם נִפְגְּשׁוּ
כִּי מְקוֹר הַיְדִידוּת אַחֵר הוּא וְנִסְתָּר.

The one sits between the troughs, stockpiling
new wine and banknotes. His family is large and smug,
money-grubbers wrapped in payoffs,
while the second brother's family is split up and scattered,
they are fruitful and they multiply
but they feud.

And the two brothers grew distant from one another
in their way of life,
animosity rose between them and they stood apart.
Only at their parents' gravesite did they reunite
since the fount of friendship is different and hidden.

נתניהו נתניהו

לְעוֹלָם לֹא תְּחֻלַּק יְרוּשָׁלַיִם?
יְרוּשָׁלַיִם לֹא תְּחֻלַּק?
"לֹא אֶתֵּן יָד לִירוּשָׁלַיִם מְחֻלֶּקֶת –
לֹא אֲחַלְּקָהּ"

וְאָמַר הָרַבִּי מִקּוֹצְק, שְׁמַע:
"אֵין לֵב שָׁלֵם יוֹתֵר מִלֵּב שָׁבוּר"
וִירוּשָׁלַיִם הִיא הַלֵּב שֶׁל הַמְּצִיאוּת,

מְצִיאוּת יְתֵרָה בָּהּ כִּבְכָל הֶעָרִים בְּמַחֲלֹקֶת
וְהַמְּצִיאוּת מְחֻלֶּקֶת כָּל הַזְּמַן
כְּגוּף חַי וְאֵיבָרָיו
וְהַחֲלָקִים – צָרִיךְ לְהַתְאִימָם וּלְקָרְבָם
לְהַכְנִיס סְחוּס שֶׁל בְּרָכָה
סְחוּס – זֶה מַה שֶּׁעָלֶיךָ לִמְצֹא וּלְהָפִיק
לִמְצֹא וְלָשִׂים בֵּין הַשְּׁבָרִים
וְלִשְׁמֹר עַל כָּל שֶׁבֶר וְשֶׁבֶר

נְתַנְיָהוּ נְתַנְיָהוּ

Netanyahu   Netanyahu

You will never divide Jerusalem?
Jerusalem shall never be divided?
"I will never be party to a divided Jerusalem,
I will never divide Jerusalem"

The Kotzker Rebbe said—listen:
"There is nothing so whole as a broken heart"
and Jerusalem is the heart of reality

Reality is excessive in Jerusalem as in all divided cities
and reality is a perpetual divide
as in a living body and its organs
the parts must be realigned and brought together
through a cartilage of blessing

Cartilage is what you need to find and generate
to find and place between the broken pieces
safeguarding each and every one

Netanyahu   Netanyahu

Photo: Linof

Poet, essayist, and the author of six poetry collections and an essaypoem, **Sharron Hass** holds a B.A. in Classics and an M.A. in Religious Studies from Tel Aviv University. She lectures on literature and poetry at the Tel-Aviv Central Municipal Library (Beit-Ariela), and teaches in the Creative Writing Program at Tel Aviv University. She participated in poetry forums and festivals in Israel and abroad and is the recipient of some of the most prestigious poetry awards in Israel, including the Bialik Prize (2012) and the Yehuda Amichai Prize (2018), as well as the Hezy Leskly Prize (1997), the Art Council Prize (1998), the Prime Minister Prize (2003), and the Dolitsky Prize (2017), and she was a Fulbright Fellow for the America-Israel Fellowship (2005). Her work has been translated and published in Europe and in the US. Her essaypoem "The Day After: Sophocles' Farewell to Poetry" has appeared in its entirety in *PN Review*, and a number of her poems appear in *Poets on the Edge—An Anthology of Contemporary Hebrew Poetry* (SUNY Press, 2008). Hass lives in Tel Aviv with her partner and their son.

צהריים, אש ללא צל

7:00

מְשׁוֹרֵר מִתְגּוֹרֵר בָּעֵץ, בְּדֻגְמָאוֹת הָאוֹר
שֶׁל הֶעָלִים, מוֹשִׁיט לִי זְרוֹעַ כְּעֵין עָנָף
פּוֹרֵחַ, שָׁקֵד אוֹ שָׁזִיף, מַתָּנָה עֲדִינָה, וּבִתְנוּעָה אַחַת
מַעֲבִיר אוֹתִי מִגַּגָּה לְגַגָּה. כָּל זֶה קָרָה בֶּאֱמֶת. כָּל זֶה תָּמִיד קוֹרֶה:
רָאִיתִי בְּבֵרוּר מַה שֶּׁנִּתָּן לִרְאוֹת רַק בַּחֲטָף, כָּךְ בְּלֵייק רָאָה
מַלְאָךְ פּוֹסֵעַ מֵחֶרֶק כִּמְעַט נְטוּל כְּנָפַיִם. וְאֵין עֵדוּת.
רַק מַפַּח נֶפֶשׁ וְגַאֲוָה מָרָה – נִבְחַרְתִּי: –
אֲבָל אִבַּדְתִּי אֶת הַשַּׁרְבִיט
בַּבֹּץ, וְהַכֶּתֶר הוּא שְׁמוּעָה שֶׁאֲנִי מְנַסָּה לַחֲבֹשׁ
עַל רֹאשִׁי, כָּל בֹּקֶר מֵחָדָשׁ, נִזְהֶרֶת לֹא לַעֲצֹר
מוּל הַמַּרְאָה, הַתָּמִיד-עֵרָה.

11:59

בַּמּוֹרָד, מֵאֲחוֹרֵי דַּפִּים, עוֹלָה שְׁמָמִית
לְהַבְקִיעַ מִן הַסֵּתֶר, הַלְמוּת הַלְמוּת לֵב שָׁחֹר
בַּגּוּף הַפָּעוּט הַשָּׁקוּף, הַחַיָּה הַקְּטַנָּה אֵינָהּ עֲיֵפָה
הָאִשָּׁה כִּמְעַט כּוֹרַעַת בְּמַעֲמֶסֶת הָאוֹר
יֵשׁ לָהּ עֵינַיִם וְהִיא רָאֲתָה דְּבָרִים רַבִּים
בֵּין חֲלוֹם לַחֲלוֹם – בָּעִתּוֹן – דּוּגִית עֲמוּסַת פְּלִיטִים שְׁחֹרִים
טָבְעָה; יֵשׁ לָהּ עֵינַיִם וְלֵב וְהִיא אָחוֹת לַשְּׁמָמִית
וְאִם הִיא אָחוֹת לְמִי מִמִּשְׁפַּחַת זוֹחֲלִים שְׁקֵטָה
מַה פֵּרוּשׁוֹ שֶׁל דָּבָר לִרְאוֹת וּלְהִוָּתֵר כָּבוּל לָרְאִיָּה

11:30

הַיַּלְדָּה וַאֲנִי שׁוֹאֲלוֹת אֶת הַמְּשׁוֹרֶרֶת, הַיּוֹם
הוּא מָחָר אוֹ אֶתְמוֹל?

From **Noon, Fire, and No Shade**
  a sequence of forty-four parts

7:00
    A poet resides in the tree, in the sunlit patterns of leaves.
He extends to me a blooming, branch-like arm, almond or plum,
a delicate gift, and with one motion transports me from one bank
to the other. This truly happened. It always does:
I clearly saw what can be seen only fleetingly, just as Blake saw
an angel emerge from a wingless insect. There's no proof.
Only disappointment and bitter pride—I've been chosen,
but I lost the scepter in the mud, and the crown is a rumor
I try to place on my head, each morning anew, careful not to pause
      before the ever-alert mirror

11:59
    Behind the pages a lizard climbs up the slope,
breaking through the unknown, the beating beating of a dark heart
in a small transparent body, the tiny creature never tires,
the woman nearly buckles under the burden of light.
She has eyes, she has seen many things between dream and dream,
in the newspaper a skiff laden with black refugees has sunk.
She has eyes and heart and she is sister to the lizard, and if she
          is sister
to one in a peaceful family of reptiles
      what does it mean to see and to remain chained to sight

11:30
    The girl and I ask the poet, Is today tomorrow
or yesterday?

7:30

אֲפִלּוּ לַכְּבִיסָה נָחוּץ לִי הָאַלְמָוֶת.
הַשְּׁאֵלָה הַיְחִידָה שֶׁאֲנִי שׁוֹאֶלֶת
"הַאִם אֲנִי נִדּוֹנָה אוֹ מֵהַנִּצּוֹלִים"

7:46

אֲנִי שׁוּב צְעִירָה, הַמָּוֶת – הַמַּלְאָךְ – מְאוֹתֵת מִמֶּרְחָב פָּתוּחַ בּוֹ
סוֹדוֹת גְּלוּיִים אֵינָם הַפְּכִּיִּים לְסוֹדוֹת
רוּחַ אֵזוֹב וַעֲנָנִים – עֶצֶם קָשֶׁה חָבוּי בָּרֵךְ, מִי מִסְתּוֹרֵי מִמִּי
גַּרְמֵי שָׁמַיִם אוֹ הַחֹמֶר הָאָפֵל? זוֹ שֶׁנָּפְלָה לְרַגְלֵי זָרִים אוֹ זוֹ הַמְנוֹפֶפֶת לְשָׁלוֹם?
עַכְשָׁו פָּנַי אֶל הַשִּׁיר הַפָּתוּחַ שֶׁאֵינוֹ יוֹדֵעַ בְּדִיּוּק
הֵיכָן לְהֵעָצֵר, כָּמוֹנוּ, הָרוֹצִים לִנְסֹעַ יַחְדָּו, וּבָאוֹר

11:59

שְׁלֹשָׁה לֵילוֹת נֶאֱחָזוּ בְּרִשְׁתוֹת דֵּיג הַטּוּנָה
שִׁשָּׁה עָשָׂר פְּלִיטִים שֶׁעוֹמְדִים
לִטְבֹּעַ הֶעָתִיד הַקָּרוֹב עָשׂוּי שְׁבָרִים: [פֹּעַל ועוד פֹּעַל]

7:54

הָאִשָּׁה הָיְתָה דַּקַּת גִּזְרָה
כִּי הִשְׁתַּמְּשָׁה בֹּקֶר בֹּקֶר בְּמִלִּים
שֶׁשָּׁמְרוּ אוֹתָהּ רְכוּסָה וּגְבוֹהָה בִּמְעִילֵי צֶמֶר
נֻקְשִׁים. הַמִּלִּים! רָאִיתִי אֶת הַפּוֹטֶנְצְיָאל זוֹרֵחַ
סוֹפֶרֶת יָפָה וְיֵשׁ לָהּ כֶּתֶר שָׁקוּף
רָחוֹק כַּחֲבַצָּלוֹת הַמַּשְׁחִירוֹת בֵּן לַיְלָה מֵהַיַּהֲלוֹמִים הַמְּקֻפָּדִים
אָחַזְתִּי בִּנְיַר הָעִתּוֹן בְּקִנְאָה שֶׁחָשׁ הַמֻּזְנָח מוּל מַה שֶּׁיִּתָּכֵן וְהָיָה שֶׁלּוֹ
(רַק הַמְּהִירוּת בָּאוֹר וּבָאָבָק,
מוֹנַעַת אֶת הַנְּפִילָה בְּמַה שֶּׁהוּא כֹּה רֵיק
עַד שֶׁנִּדְמֶה תָּכֹל) אֲנִי יוֹדַעַת מַה יָּכְלוּ לִהְיוֹת מִדּוֹתַי

7:30
>
> Even just for the laundry I require immortality:
> the only question I ask
> "Am I among the condemned or the saved"

7:46
>
> I am young again, death—the angel—signals from a vast plain
> where visible secrets do not counter secrets.
> Moss wind and clouds—a hard object secreted in softness.
> What is more mysterious: heavenly bodies or dark matter?
> The woman who fell at the feet of strangers or the one waving hello?
> Now I turn to the open poem that does not quite know
> where to stop, very much like us who want to journey
> together and in the light

11:59
>
> Three nights clutching the tuna fishing nets
> sixteen refugees are about to drown
> the near future is made of fractures: (a verb and another verb)

7:54
>
> The woman was slender
> because every morning she made use of words
> that kept her tall and buttoned up in stiff woolen
> coats. The words! I perceived the sparkling potential,
> a beautiful author with a transparent crown,
> as distinct as blackened daffodils are from refined diamonds.
> I held the newspaper with the envy the neglected feels facing
> what could have been his—(only the speed in dust and light
> prevents the fall into something that is so empty it seems blue).
> I know what my attributes could have been

אֲנִי יוֹדַעַת כַּמָּה הָעַצְלוּת חֲבִיבָה עָלַי
אֲנִי מֵאֵלּוּ עֲלֵיהֶם אוֹמֵר דַּנְטֶה שֶׁלֹּא יִזְכּוּ בִּתְהִלָּה כִּי אוֹהֲבִים לִשְׁכַּב שָׁעוֹת אֲרֻכּוֹת
עַל מִטּוֹת רְפוּדוֹת
בְּוַדַּאי יֵשׁ אֶרֶץ בָּהּ אֲנַחְנוּ כּוֹכְבֵי הַשִּׁיר וְהַהַלֵּל שֶׁלָּהּ

7:55

שָׁמַעְתִּי אוֹתָם בַּשַּׁחַר, פְּנֵי אֵפֶר שֶׁלִּי לְבָנוֹת
פְּזוּרוֹת עַל הַכַּר, בַּעֲלֵי מְלָאכָה זְעִירִים, מַחֲזִיקִים פְּסוּקִית אַחַת
אוֹ שְׁתַּיִם שֶׁל צְלִיל בַּמָּקוֹר, בְּנוֹצוֹת אֲפֹרוֹת מְקַדְּמִים
אֶת הַשֶּׁמֶשׁ הָעוֹלָה – אֵיזוֹ בְּדִידוּת מְשֻׁנָּה
לִשְׁמֹעַ אֶת מִי שֶׁמְּכַסֶּה כְּנָפַיִם, יָשֵׁן בֵּין עָלִים, רוֹחֵץ בַּחוֹל
וְחָזָק מִמֶּנִּי כִּי חָתוּם לְגַמְרֵי מִפְּנֵי עֹדֶף וְשׁוּלַיִם, בַּעַל מְלָאכָה –
אֵיךְ אֲאַזֵּן מִשְׁקָלַי לְמִשְׁקָלְךָ – עֵרָה בַּשַּׁחַר מִן הַקֹּר הַמְּסָעֵף
שֶׁבְּקִרְבִּי, פְּסוּקִית הַמּוֹנוֹטוֹן שֶׁלְּךָ
כְּפַעֲמוֹן צְלִילָה בְּיָם הַקִּפָּאוֹן

11:19

הָיִיתִי חוֹזֶרֶת אָז לְלֹא לֵאוּת לַיְלָה לַיְלָה לְאוֹתוֹ הַבַּיִת
שְׁלֹשִׁים מַדְרֵגוֹת חֲרִישִׁיּוֹת וְדֶלֶת נִפְתַּחַת עֲלֵה-כּוֹתֶרֶת-עָלֶה
לִשְׁלֹשָׁה חֲדָרִים. זֶה הָיָה בַּיִת רָגִיל. שָׁרָשָׁיו בַּשָּׁמַיִם
בֵּין אֵלִים שֶׁאֵינָם יוֹדְעִים רְעֵבִים הֵם אוֹ שְׂבֵעִים, מְכַסֶּה לְחִישׁוֹת
וְעָלִים הַגּוּף שֶׁלָּנוּ בְּכָל חֶדֶר דּוֹבֵב אֶת הַנֶּפֶשׁ
לִנְדֹּד לְלֹא צַעַר בֵּין קִירוֹת מַמְלָכָה לְבָנָה, לְעִתִּים, בָּאוּ חֲבֵרִים, צוֹחֲקִים
בַּסַּחַף הֶחָזָק שֶׁל הַחֲלוֹן. לַיְלָה לַיְלָה הָיִיתִי חוֹזֶרֶת אֶל הַבַּיִת הַמְּתֻקָּן שֶׁלֵּם
כְּיָרֵחַ, מַשְׁחִיר אֶת סַף הָעֲצָמִים לִבְעֵרָה לַחָה בַּחֲלוֹמוֹת

I know how much I enjoy my indolence.
I am one of those of whom Dante says they will not be granted glory
because they love to linger for many hours on downy beds
    surely there exists a land where we are the stars of song
        and praise

7:55
        I heard them at dawn, my ashen face is white
laid out on the pillow, tiny artisans clasp a phrase or two
of the original score, welcome with gray feathers
the rising sun—such a strange solitude
to hear the one who is infested with lice, asleep among the leaves,
bathing in sand and stronger than me because he's completely
sealed against excess and margins.
Artisan—how will I balance my weight with yours—I, awake at dawn
with the chill branching out in me, the phrase of your monotone
        like a diving bell in the sea of numbness

11:19

        At the time, I would tirelessly return to the same house,
night after night thirty hushed stairs and a door that opened petal-
corolla-petal into three rooms. It was an ordinary house, its roots
in the sky among gods who know not whether they are hungry or
satiated. Covered in whispers and leaves, our body in every room
encouraged the soul to roam with no regret between walls of a white
domain, at times friends came, laughing in the powerful current of
the mundane. Night after night I returned to the modified house,
a house whole like a moon, darkening the edges of objects for a
moist burning in dreams. It was a dream apartment I imagined

זוֹ הָיְתָה דִּירַת חֲלוֹמוֹת הָגִיתִי אוֹתָהּ בֵּין זַעַם לֶאֱמוּנָה, שְׁלֹשִׁים שָׁנָה אֲנַחְנוּ
מִתְנַשְּׁקִים, קָדוֹשׁ קָדוֹשׁ אֲנִי אוֹמֶרֶת לְךָ הַגּוּף שֶׁאַתָּה כּוֹרֵךְ סְבִיבִי וְלֹא מַעֲנִיקָה
לְךָ דָּבָר פְּמִבְּי כְּמוֹ אוֹר, אִינְוֵנְטָר וּמִלְחָמָה, דּוֹחֶקֶת אוֹתְךָ בַּעֲקַלְקַלּוֹתַי
נֶפֶשׁ שֶׁקָּשֶׁה לִרְאוֹת הֵיכָן רֹאשׁ שֶׁלָּהּ הֵיכָן זָנָב, וְהָאֶרֶס לְעִתִּים, כְּמוֹ בְּרֶגַע זֶה,
מִתְגַּלֶּה כְּפֶלֶא כֹּחוֹ שֶׁל הַצָּחִיחַ עוֹד לִרְעֹד בְּעֹמֶק הַצִּמָּאוֹן

7:57

הַלְוַאי הַלְוַאי. וְאֵיזֶה מָן מִן הַשּׁוּמָקוֹם
הַתָּכֹל יֵרֵד
וְהַצִּנְצֶנֶת תִּשָּׁבֵר.

7:58

אִמָּהוֹת סַהֲרוּרִיּוֹת הוֹלְכוֹת בִּרְחוֹבוֹת
הָאֶחָד בְּסֶפְּטֶמְבֶּר. הַדֹּב בָּא וְהַזְּאֵב וְהַכֶּבֶשׂ, כִּי הֵיכָן
הֵיכָן הַיֶּלֶד? הֻשְׁלַךְ אֶל הֶהָרִים. מָה עָלַי לַעֲשׂוֹת עִם חַיִּים שֶׁגִּלְגַּלְתִּי
בִּזְהִירוּת לְחָשִׁים? מַה יֵּשׁ לָנוּ אִם לֹא סַהֲרוּרִיּוֹת:
אֵלֶּה אַחַת לְבוּשַׁת שְׁחֹרִים, מְשׁוֹטֶטֶת
כִּזְקֵנָה חַסְרַת בַּיִת עַל פְּנֵי כָּל הָאֲדָמָה, וְאַחַת נוֹסֶפֶת סְגוּרָה בָּאֵשׁ הַכְּחֻלָּה
שֶׁל מִטְבָּחִים; מַה נִּתֵּן לְאֵלִים חַסְרֵי פָּנִים אֵלּוּ שֶׁמְּחַבְּבִים פָּנִים
נְקִיּוֹת מִדְּמָעוֹת וְיַחְזֹר הַיֶּלֶד לְלֹא פֶּגַע, בֵּיצָה לְבָנָה בִּידֵי זָרִים

11:59

אֲנִי פּוֹנָה אֵלֶיהָ אֶל הַנַּוֶּדֶת הַשְּׁחֹרָה
לִלְמֹד מַה שֶּׁנָּחוּץ לִי לִלְמֹד
יֵשׁ מָקוֹם (הֵיכָן הוּא?) בּוֹ קִינָה הִיא
הִתְקוֹמְמוּת

between rage and faith, we've been kissing for thirty years, holy holy I
say to you, the body you wrap around me, and I grant you nothing that
is commonplace like light, inventory, and war. I propel you through the
sinuous soul. It is hard to tell its head from its tail, and the venom at
times, as at this very moment, is revealed
   as the ability of the arid to tremble in the depth of thirst

7:57
   If only if only. And some manna from the blue nothingness
would descend
   and the chill would break

7:58
   September 1. Mothers walk the streets as if dazed.
The bear came and the wolf came and the lamb came—where,
where is the child? Flung to the mountains. What am I to do with a life
I have trundled with the caution of charms. What do we have
if not sleepwalkers: one goddess clad in black, roaming
like an old homeless woman across the face of the earth,
and another confined in the blue fire of kitchens.
What can we offer the faceless gods who favor faces clear of tears
    and a child brought back unharmed, a white egg in the hands
      of strangers

11:59
   I turn to her, to the wanderer in black,
to learn what is essential for me to learn
there is a place (where is it?) where lament
   is resistance

9:54

בַּחֶדֶר הַסָּמוּךְ, נָשִׁים זָרוֹת, שְׁתָּפוֹת לְבֶצַע הָאַהֲבָה
מַאֲכִילוֹת תִּינוֹק שֶׁפָּרַץ מִתּוֹכִי, נֶעֱלַם בְּאוֹרוֹ הַיָּקָר עַל אִי רֵיק
מַה מַּקִּיף אוֹתוֹ עַכְשָׁו אִם לֹא מַיִם, חָלָב, צְלָלִים שֶׁל זָר שֶׁיֵּהָפְכוּ לְגוֹרָל –
מִי אַתָּה אֲנִי שׁוֹאֶלֶת אֶת הַזָּעִיר מְאֹד פְּקוּחַ הָעַיִן, זֶה הַמְגֹרָשׁ רְפָאִים
מֵעֵבֶר לַקִּירוֹת שֶׁהָיָה הָיוּ דְּלָתוֹת לְעוֹלָם כְּתוֹנִי וְאֵינָם מֵעֵבֶר יוֹתֵר
לֹא לְמֵתִים, לֹא לְגִבּוֹרִים

11:42

מִי אֵינוֹ מַכִּיר אֶת הַמִּישׁוֹר הַמִּשְׂתָּרֵעַ מֵאֲחוֹרֵי דְּלָתוֹת
שֶׁלֹּא הָיָה בְּכֹחֵנוּ לִפְתֹּחַ, וְלֹא עָמַדְנוּ עוֹד לְחַכּוֹת
צַעֲדֵנוּ יִהְיֶה מִי שֶׁיֹּאמַר כְּמִי שֶׁכְּפָאָם שֵׁד
לֹא נָכוֹן – צַעֲדֵנוּ כִּי עוֹדֵנוּ עֲשׂוּיִים אֲשֶׁר
הַמַּכְתִּיב תְּנוּעָה בַּמָּקוֹם בּוֹ הַפַּחַד הוֹפֵךְ
לִתְשׁוּקָה וְגַעְגּוּעִים גַּם לְלֹא תִּקְוָה מַכְרִיחִים לָנוּעַ
בַּמּוֹנוֹטוֹנִי עַד זְמַן יִשְׁתַּנֶּה לְחָלָל וְהַקּוֹפִים הַקְּפוּאִים עַל אֹפֶק
הַחֲלוֹמוֹת יָסִירוּ יָדַיִם מֵאֹזֶן עֵינַיִם וּפֶה –

11:59

בָּעֹמֶק
בַּגֹּבַהּ
בַּצְּדָדִים
הַוֶּרְטִיגוֹ לוֹעֵס וְלוֹעֵס זְמַן

חֹמֶר שֶׁאֵינוֹ עָרוּךְ לִבְנֵי תְּמוּתָה

9:54

    In the next room, unfamiliar women, partners in the greed of
love, feed a baby that burst out of me, unknown in his precious light
on a vacant island. What surrounds him now if not water, milk, a
stranger's shadows that will become fate. Who are you, I ask the wide-
eyed tiny one who drives away ghosts beyond the walls, walls that
used to be doors to an underworld and no longer serve as
      passageways to the dead and to heroes

11:42

    Who is not aware of the plain extending beyond doors
we could not open and we would not stand there waiting,
we marched, some would say as if possessed,
not so—we were on the move because we are still made of a happiness
that dictates motion where fear turns to passion,
and yearnings, even if hopeless, drive us to move
in a monotone until time becomes space and the frozen monkeys
      on the dream horizon remove hands from ears-eyes-mouths

11:59

    In the depths
in the heights
on the sides
vertigo chews and chews time
              matter unsuitable for mortals

הארגזים של מטולה

\---

יֵשׁ בִּטָּחוֹן בְּדֶרֶךְ עֲגֻלָּה – מִפִּתְחוֹ שֶׁל מָלוֹן לְפִתְחוֹ –
שָׁעָה, וְדֶלֶת תֵּעָלֵם בְּדֶלֶת
בַּחֲשַׁאי, לְלֹא אַכְזָרִיּוּת בְּחִירָה בְּמַזְלְגוֹת
דְּרָכִים, שׁוּם מִפְלֶצֶת לֹא תֵּשֵׁב מִתַּחַת לָרוּחוֹת לְנַבֵּא
גּוֹרָל, אוֹתוֹ מִישׁוֹר מְבוּכִי, שֶׁהַיְנוּ הָךְ לוֹ שַׁלְשְׁלָאוֹת מַתֶּכֶת, פְּתִיל
חוּטִים
אוֹ כָּנָף, דֶּרֶךְ בְּטוּחָה כָּזוֹ, בִּמְטוּלָּה,
סָבִיב לַמַּטָּעִים, לְלֹא תֶּפֶר בּוֹ תִּתְגַּלֶּה עֲלִילָה, וְהַנֶּפֶשׁ תֵּעָלֵם

לְמַרְאִית הָעַיִן, מְאֻשֶּׁרֶת בַּשִּׁנּוּיִים

\---

הַתַּפּוּחִים, כְּחֻלִּים מִמְּתֹאָר עָגֹל, כְּמוֹ אֶרֶץ
נִרְגְּשֵׁי-יְדִידוּת, לְשֵׁמַע נְשִׁימָתָם הַתְּלוּיָה וְעוֹמֶדֶת
אֲנִי נִזְכֶּרֶת צִמָּאוֹן הוּא חֶסֶד אַךְ מַיִם הָיָה הָיוּ יֹפִי בָּאֲפֵלָה

\---

כָּל הַלַּיְלָה יָרַדְתִּי סְפִּירָלוֹת אֲרֻכּוֹת וְהָרָעָב
נָבַח בְּקִרְבִּי שָׁחֹר כִּכְלָבִים שֶׁל דֶּצֶמְבֶּר
יְבָבָה שֶׁכִּלָּה עֵינַיִם וְרַעַד, קָבַרְתִּי
אֶת מֵתַי בַּשָּׁמַיִם, אֶת אֵלּוּ שֶׁבִּנּוֹכְחוּתָם הָרֶפֶשׁ שָׁב וְהָיָה לְזֹהַר---
וְהֵן לֹא תָּבֹאנָה אֵלַי עוֹד עִם שַׁחַר, נְפָשׁוֹת גְּדוֹלוֹת, יְדִידוּתִיּוֹת
מַדִּיפוֹת רֵיחַ שׁוּם וְעֹז, תַּאֲבוֹנָן עָצוּם מִכָּל מְזָוֶה

The Crates of Metula

- - -

There is sureness in a circular road—from the hotel's door to its door—
one hour and door will dissolve in door,
stealthily, foregoing the cruel choice
of a fork in the road, no monster squatting under crosswinds
to prophesy fate, that intricate plane, equally indifferent
to metal chains, a spool of thread, or a wing,
such a sure road in Metula,
surrounding the orchards, no seams wherein a plot
would be revealed and the spirit would seem to disappear

pleased with the changes

- - -

The apples, blue and round, like the earth,
and friendship-eager.
Listening to their impending breaths.
I recall that thirst is grace
but water was beauty in darkness

- - -

All night I descended long spirals and the hunger
barked in me as black as December dogs,
a howl that is all eyes and quiver, I buried
my dead in the sky, those in whose presence mud gained in splendor---
no longer will they come to me at dawn,
large friendly souls, exuding the odor of garlic and mettle,
their appetites greater than any larder

מֵאֲחוֹרֵי הַסִּיבּוּב, מִיַּד שְׂמֹאל, הַלֹּא-כּוֹתֶבֶת, מִן הַצַּד הַחַלָּשׁ וְהַחוֹלֵם הִתְרוֹמְמוּ
שׁוּרוֹת רֵיקוֹת, תֵּבוֹת תֵּבוֹת עָלוּ כְּבַיִת שֶׁהִתְרוֹקֵן מִן הַחוּץ פְּנִימָה וְהִתְהַפְּכוּ מְמַדָּיו
הַחֲסוּיִים לָאוֹר, תַּפּוּחִים נָפְלוּ כְּחֲלִים-זְהֻבִּים, רִקָּבוֹן וּמַאֲכַל תִּפְאֶרֶת, וְהָאֵינְקֵץ
הִמְשִׁיךְ לִישֹׁן בָּאַרְגָּזִים. מַה שֶּׁהָיָה מִישׁוֹר וּמִדְרוֹן שֶׁאֶפְשָׁר אוּלַי לְהָנִיס בְּכָל
מַנְעוּל
וְקוֹלוֹת פַּעֲמוֹן, נִתְקַל בִּדְפָנוֹת מֻכְפָּלוֹת נְסֹרֶת; שָׁם, פְּנִימָה,
הוֹלֵךְ וְגָדֵל דְּבַר מָה שֶׁאֵין
לוֹ עֵינַיִם וְאֵין לוֹ פֶּה וְכֻלּוֹ צְפִיָּה

הִנֵּה הַמֶּרְכָּז הַהוֹלֵם, הַלּוֹהֵט בְּבֶטֶן
הָאֲדָמָה, הָעוֹנֶה בִּשְׁאֵלָה לְכָל צַעַד מִצְּעָדֶיהָ הַאִם יֵשׁ
מִי לְרַפֵּא אוֹתָךְ מֵהַצָּרַעַת הַלְּבָנָה שֶׁל הַכּוֹכָבִים
כִּי הַיָּגוֹן, דּוֹמֶה לְחֹפֶשׁ, חָרִיף וְקַר

מִלְּמַטָּה רָאִיתִי צוֹמַחַת קָתֶדְרָלַת קְרָשִׁים
מִסְתּוֹר מוּנָף לוֹ אֶל-עָל, מֵעֵין אֱלֹהִים (יֵשׁוּת כְּמוֹ עָשׁ
חַסְרַת מִפְרָקִים) מַכֶּה בִּפְנִים לִפְרֹץ
הַחוּצָה, וְהַחוּץ הוֹלֵךְ וְדוֹמֵם
זָהָב תָּלוּי בְּסַכָּנוֹת הַכְּחָלָה וְיַתְמוּת גְּדוֹלָה
מִסְתַּבֶּכֶת בָּעֵצִים, בֵּינֵיהֶם
אִשָּׁה מְנוֹפֶפֶת זְרוֹעוֹת וּמְדַבֶּרֶת לְעַצְמָהּ
קְרֵבָה לְעֶבְרֵנוּ, קוֹרְאִים יְקָרִים,
עֲטוּפָה בִּקְרוּם הַשָּׁעָה
לְמִי הִיא אוֹמֶרֶת בְּחָלְפָהּ
עַל פְּנֵי שַׁחַר מְנֻפַּץ מַדְרֵגוֹת
הָיֹה תִּהְיוּ לִי חֶבֶל, סֻלָּם
לְטַפֵּס מְאֻשֶּׁרֶת וּרְעֵבָה
לָאֲדָמָה, זְמַן עָתִיד, מִישׁוֹר הַפְּעִימוֹת

- - -

Around the corner, on the left-hand side, the non-writing one,
the weak and dreamy side, empty lines rose, case by case they
emerged like a home that had been emptied outside-in and
its hidden dimensions turned over to light. Apples dropped
blue-yellow, decay and delicacy, and infinity went on sleeping
in the crates. What had been a plane and a slope that one
might hold back with a lock and a ringing bell, bumped into
the sawdust walls of the crates. There, inside, something keeps
growing, something that does not have eyes or mouth, and is all
anticipation

- - -

Here is the beating center, burning in the belly
of the earth, responding with a question to every step she takes—
Is there someone who can cure you of the white leprosy of stars
since sorrow resembles freedom, pungent and cold

- - -

From below I saw a rising cathedral of planks,
a haven raised to the heights, a god of sorts,
(a moth-like being, jointless), banging from the inside
to burst outside, and the outside grows still,
golden fruit destined to bluishly rot, and a vast orphanhood
becomes entangled in the trees,
in their midst a woman,
waving her arms and talking to herself,
she approaches us, dear readers,
swathed in the membrane of time.
Whom is she addressing when she goes past
a dawn of broken stairs:
You shall be my rope, my ladder
to climb, happy and hungry,
onto earth, a future time, a plain of heartbeats

בִּשְׁטִיחַ הַקַּבָּלָה הִתְפַּזְּרוּ וְרָדִים וְסוּסִים
תַּחַת כַּפּוֹת רַגְלַיִם, דֵּהִים מִזֻּהֲמָה נִדְמוּ
דַּוְקָא הֵם, הַקְּטַנִּים וּרְפֵי הַצּוּרוֹת, מִתְרַחֲקִים בְּמִסְתּוֹרִין הָעוֹלָם
נִכְנָסִים פְּנִימָה וּפְנִימָה אוּלַי לְשִׁלְטוֹן הָאָבִיב,
לָצֵאת מִן הָעֵבֶר הַשֵּׁנִי, בְּשִׂמְחַת הַתְּנוּעוֹת בַּדֻּגְמָה
מוֹתִירִים מֵאָחוֹר כְּתָמִים אֲפַרְפָּרִים

מִקְּצֵה הָאָבִיב, מֵאֲחוֹרַי, הוֹלֵךְ בֵּית תַּפּוּחִים רֵיק
שְׁרִיקָה נִכְפֶּלֶת עַל מִפְתָּן: הַכֹּל כָּאן גָּלוּי וְאֵין מַחְסֶה
רַק הַכְּתוֹנִים הָעֲזוּבִים, אֵלּוּ שֶׁלֹּא נִפְגֹּשׁ בַּדֶּרֶךְ,
מְלֵאִים בְּכֹחַ.

- - -

On the reception hall carpet, roses and horses
spread underfoot and, fading with grime, they,
precisely they, the small and the weakly formed,
seemed to be getting farther away in a hidden world,
maybe advancing deeper into the dominion of spring
to emerge on the other side with the joy
of movement in the pattern,
leaving behind grayish stains

- - -

From the edge of spring, behind me, an empty apple house follows,
a repeated whistle on the threshold; here everything is exposed
and there's no shelter—only the sad chthonic deities, those we will not
meet on the way, are impregnable.

חג שמח

חַג שָׂמֵחַ! חַג שָׂמֵחַ וּבְרוּכִים הַבָּאִים. לֹא. לֹא טָרַחְנוּ כְּלָל. כָּל
הַכָּבוֹד שֶׁהִגַּעְתֶּם מַהֵר בַּדְּרָכִים הַפְּתוּחוֹת. מֵעַל קֶצֶף הַבֵּיצִים
הִכְתָּה בָּנוּ הַמַּחְשָׁבָה שֶׁהַפִּילוֹסוֹף כְּמוֹ הָאַרְכִיטֶקְט וְהַמְשׁוֹרֶרֶת
נִשְׁעָנִים עַל צוּרָה כְּבוּלָה וִישָׁנָה שֶׁרַק לְאִטָּהּ נַעֲנֵית וְנִסְדֶּקֶת
לְמִשְׁקָלָם, וּבְקֹשִׁי רַב הֵם פּוֹתְחִים דֶּלֶת חֲדָשָׁה בָּרוּחַ – וַעֲדַיִן הַצִּירִים
עֲקֻמִּים וְהָרֶגֶל נִזְהֶרֶת בַּסַּף. טוֹב שֶׁבָּאתֶם –
נִדְמֶה הָיָה כִּי הַבֹּקֶר נַצְלִיחַ לְהַבִּיט רָחוֹק עַד לַשְּׁבִיל
הַפָּתוּחַ לַכִּסֵּא הָרֵיק שֶׁבַּתְּכֵלֶת הָעוֹלָה. בְּחַיַּי, נְקִישׁוֹת הָרַגְלַיִם
וְצִלְצוּלֵי סַכּוּ"ם יַשְׁקִיטוּ מִמֶּנִּי אֶת הָאֲבֵדָה הַגְּדוֹלָה
בְּלֶכְתְּכֶם הַבַּיִת יִתְמַלֵּא בְּהוֹד אֲפִיסַת הַכֹּחוֹת
שֶׁפֵּרוּשׁוֹ הַאִם הָיָה בְּכֹחִי לַעֲמֹד בְּחֻמְרַת חֶזְיוֹנוֹת אוֹ הָעֲיֵפוּת הַזֹּאת
הִיא קָרְבָּן לַמּוּזִיקָה שֶׁנִּפְרְטָה לְקַבָּלַת פָּנִים

כָּךְ אוֹ כָּךְ בְּאֵשׁ הָאֵרוּחַ נִדְמָה הַכְּתָלִים גָּבְהוּ, בַּחַלּוֹנוֹת רֶטֶט
בְּדֹלַח, דַּרְכּוֹ רָאִינוּ אֵיךְ בִּקְצֵה-קֶרֶת-הָרוּחַ חוֹמֵק לוֹ
צֵל, רוֹקֵד בֵּין קְלִפּוֹת תַּפּוּזִים וְאוֹר

Happy Holiday

Happy holiday! Happy holiday and welcome. Really, we hardly
    fussed at all.
Good for you that you made it so fast on the open roads.

Over the frothy eggs we were struck by the thought that the philosopher,
the architect, and the poet lean on an old and shackled form that only
gradually relents and cracks under their weight, and they, with great effort,
open a new door to the wind, and yet, the hinges are crooked and the foot
cautious in the doorway.

So good of you to come. This morning it seemed that we would be able
to see faraway up to the open path, to the empty chair in the rising blue.
Honestly, the tapping of feet and the clatter of silverware
will silence in me the great loss. When you leave, the house
will be filled with the glory of exhaustion to mean:
Did I have the strength to withstand the severity of visions,
or is this fatigue the oblation to the festive music.

Either or, in the glow of hosting it seemed that the walls grew taller,
crystal trembled in the windows and through it we noticed how
at the edge of contentment a shadow was slinking away
dancing amid orange peels and light

*

מֵאָז שֶׁנּוֹלַד לִי בֵּן הָפַכְתִּי לְבַת תְּמוּתָה
כּוֹתֶבֶת מְשׁוֹרֶרֶת שֶׁבְּצַעַר אֵינִי נִזְכֶּרֶת בִּשְׁמָהּ
צִפּוֹר אֵפֶר טָמְנָה גַּרְגִּיר יָרֹק וְנֶאֱחַזְתִּי
בְּעֵץ שֶׁצָּמַח בַּחֲלוֹם, אוּלַי אַלּוֹן אוּלַי זַיִת, יֵשׁוּת יְקָרָה, לַעֲלוֹת
בָּהּ לַשְּׁנוּיִים, אֲבָל כֵּיוָן שֶׁלִּבִּי הִתְעוֹרֵר בַּחֲשֵׁכָה
אֵינִי יְכוֹלָה לִהְיוֹת מְאֻשֶּׁרֶת לְלֹא הַפַּחַד, לְהִוָּתֵר עִם זִכְרוֹנוֹת בְּמָקוֹם
לְלֹא חַמְצָן, לְלֹא תְּנוּעָה – וְהַיֶּלֶד הַמַּרְחִיב בִּי פְּסִיעָה תַּחַת עָלִים
נְקִיִּים מִנְּבוּאוֹת
חוֹשֵׂף בִּי דֶּרֶךְ לְבָנָה שֶׁלֹּא דָּבְקוּ בָּהּ אֵזוֹב נֶחְמָד וּשְׂרָכִים
גַּלְגַּלִּים נוֹסְעִים בָּאוֹר וְאַהֲבָה מְעוֹרֶרֶת תְּזָזִית וְתַעֲשִׂיָּה
לְמִי שֶׁהָיָה רוֹצֶה לְהִתְמַתֵּחַ עִם הַחֲתוּלִים, וּלְחַמֵּם אֶת דָּמוֹ הַקַּר לְיַד תַּנּוּרִים
דּוֹלְקִים בַּשָּׁרָב
מֵאָז שֶׁנּוֹלַד לִי בֵּן נִתְגַּלָּה לִי הַמִּין הָאֱנוֹשִׁי הֶרוֹאִי יוֹתֵר מֵאָכִילֶס הַמְנַגֵּן לְיַד
הַסְּפִינוֹת הַשְּׁחֹרוֹת
וְכָל חֲבֵרָיו נִשְׁחָטִים בַּקְּרָב וְזַעֲמוֹ צָפוּן כֻּלּוֹ בְּרַדְיוּס הַשֶּׁמֶשׁ,
הָאִטִּיּוּת בָּהּ טִפָּה אַחַר טִפָּה נִמְזָג גּוּף הַהוֹרִים לַפֶּה הַפָּעוּר
וּמַחְרִיבָה אֶת תַּבְנִית הַסִּפּוּר עָלָיו נִשְׁעֲנוּ בַּמַּנְגִּינָה, אֶרוֹס שׁוּב לֹא יַעֲמֹד
בַּפֶּתַח לִדְרֹשׁ
הָרִימוּ לִכְבוֹדִי אֶת הַגַּג בַּנָּאִים!
בּוֹהֲקֵי עֵינַיִם כְּפוֹעֲלוֹת אֶל הַמַּלְכָּה בַּכַּוֶּרֶת אֲנַחְנוּ חָגִים סְבִיב הַלֵּב
הַשָּׂמֵחַ הַמֻּטָּל בָּעֲרִיסָה – הוֹפְכִים לְאַט לְקַשׁ וְלִגְבָבָה לְרַפֵּד תַּבְנִית רַכָּה
לְמִי בִּלְעָדָיו לֹא הָיִינוּ מְטַפְּסִים חֲזָרָה לָאֲדָמָה.
לְמִי אָנוּ נוֹתְנִים חָלָב וְנִגְנֶבֶת מֵאִתָּנוּ אֵשׁ? לַתִּינוֹק הַפּוֹשֵׁעַ

*

Ever since I bore a son I became a mortal—
so writes a poet whose name, regrettably, I cannot recall.
A bird of ashes buried a green seed and I held onto
the tree that sprouted in the dream perhaps oak perhaps olive
a dear essence to climb toward the unexpected
but since my heart awoke in the dark
I cannot be happy without the fear, to be left with memories
in a place of no oxygen no motion
and the child who widens in me a footstep under leaves
unsullied by prophecies, uncovers in me a white road
clear of lovely moss and ferns, wheels travel in the light
and love rouses frenzy and industry in those who would like
to stretch out with the cats to warm their cold blood
beside heaters burning in the heat

Ever since I bore a son the human race was revealed to me as more
heroic than Achilles playing near the black ships while his friends
are slaughtered in battle, his rage entirely subsumed
in the radius of the sun, the slowness by which drop after drop
the body of the parent is poured into the gaping mouth wrecking
the framework of the story upon which the melody was based.
Never again will Eros stand at the door to demand
Raise the roof in my honor, builders!

Starry-eyed like worker bees before the queen
we circle around the happy heart laid out in the crib
as we gradually turn into straw and stubble to cushion a soft frame
for the one without whom we would not have climbed back
to earth. Who else do we give milk to and are robbed of fire?

הַמּוֹשִׁיעַ. הָאֵל
מַפְחִיס אוֹתָנוּ אֶל הַדּוֹמֵם שֶׁבָּנוּ וּמַרְפֶּה לְהַרְגִּישׁ אֵיךְ כָּל הַדָּם
שׁוֹעֵט בַּמַּעֲבָרִים

To the infant, the offender the redeemer. God flattens us
to stillness and then lets go
to allow the flow of blood to rush through the passageways

זֶמֶר

1

כִּמְעַט לֹא נוֹתְרוּ לִי זִכְרוֹנוֹת.
הִשְׁתַּמַּשְׁתִּי בְּכֻלָּם לְהַאֲכִיל אֶת הָאֵשׁ.
שִׁבְעִים פָּנִים לָרֵעַ. פָּנִים אֶחָד לָאַהֲבָה.
הַמּוּזִיקָה מַבְעִירָה מִלִּים
טוּרֵי הַשִּׁירִים מִתְרוֹקְנִים מִיָּפְיָם
בְּדַרְכָּם לָאֱמֶת. הֶחָרֵב בּוֹהֵק אָז מִגַּעְגּוּעִים.

2

נִשְׁאַרְתִּי בַּבַּיִת לְבַד.
זֶה כִּמְעַט אֹשֶׁר – הָעַצְמִי שֶׁלֹּא נִתָּן לְהַעֲנִיקוֹ לְאִישׁ.
וְלֹא שֶׁאֵינִי מִשְׁתַּדֶּלֶת. אֲנִי מְטִילָה עַצְמִי לְרַגְלֵי הַבָּאִים.
אֲנִי כִּמְעַט מֵתָה מֵאַהֲבָה. לֹא, זֶה לֹא נָכוֹן.
אֲנִי מֵתָה מֵאַהֲבָה. כִּי מָה אֲנִי עוֹשָׂה בַּצָּחִיחַ אִם לֹא יוֹשֶׁבֶת
וְקוֹרֵאת בְּכַפּוֹת יָדַי, בַּסְּפָרִים, אֶת מַה שֶּׁאֵינִי יוֹדַעַת אֵיךְ לְהַעֲנִיק.

3

לְשֵׁם מָה עָלַי לִכְתֹּב? אֲנִי הֲרֵי חוֹשֶׁדֶת בְּכָל הָאֵלִים.
נִדְמִים לְפִרְצָה, בֵּין אוֹר לְחֹמֶר, כְּרִשְׁתוֹת הָעַכָּבִישׁ: בְּשַׂר הָאֱגוֹזִים לָבָן
וּמָתוֹק; מִכָּלֵי גַּז-הַבִּשּׁוּל נִשָּׂאִים עַל כִּתְפֵי עוֹבְדֵי הַפָּז; הָאֱמֶת שֶׁל בֶּרְנִינִי
מְאֻשֶּׁרֶת: אֶבֶן עֵירֻמָּה וְצוֹחֶקֶת;
הָיִיתִי יְכוֹלָה כָּל הַיּוֹם לְהַמְשִׁיךְ וְלִמְנוֹת נִסִּים. וּמַדּוּעַ בְּעֶצֶם לֹא?
כִּי גַּם אֲנִי רְוּוּיַת שֶׁמֶשׁ, נֶחְלֶשֶׁת וְנוֹשֶׁרֶת לָאֲדָמָה, לַלֹּא-נוֹדָע עַל הָעוֹלָם.
גַּם אֲנִי מְבֹהֶלֶת
כִּי לֹא מֻטָּל עָלַי דָּבָר רַק לֵהָנוֹת מֵעֵץ הַחַיִּים. מִהְיוֹתִי תְּלוּיָה מֵעֵץ הַחַיִּים.

Song

1

I am nearly without memories.
I've used them up to feed the fire.
Seventy faces to the friend. One face to love.
Music sets words on fire
the lines of poems are emptied of their beauty
on their way to the truth. Then the parched gleams with longing.

2

I remained home alone.
This is near-bliss—the self that one cannot give to another.
This is not to say that I do not try. I hurl myself at the feet of visitors.
I nearly die of love. No, this is not true.
I die of love. For what can I do in the barren but sit
and read in my palms, in books, all that I do not know how to give.

3

Why write? After all, I suspect all the gods.
They seem like a breach between light and matter, like a spider's web:
the sweet white meat of walnuts; the tanks of cooking gas carried
on the shoulders of Paz employees; Bernini's truth is a happy one—
a naked stone laughing.
I could go on all day enumerating miracles. And, indeed, why not?
I, too, am sun-saturated, weakened, and dropping to the ground,
onto the unknown universe. I, too, am frightened
because nothing is demanded of me but to enjoy the tree of life.
I hang from the tree of life.

4

אוֹ שֶׁאֹמַר זֹאת מַהֵר אוֹ שֶׁאֶשְׁתֹּק.
יֵשׁ שְׁתֵּי דְּרָכִים לִכְתֹּב.
עִם סַכִּין שְׁלוּפָה בָּאוֹר, בְּאֶגְרוֹף יָמִין. בִּשְׂמֹאל, הַלֵּב שֶׁעָקַרְתִּי מֵהֶחָזֶה.
וּצְעָקָה – בּוֹאוּ הֵנָּה נִרְאֶה אֶתְכֶם עַכְשָׁו, פַּחְדָנִים.

אוֹ בְּסַכִּין אֲחוּזָה בֵּין הַשִּׁנַּיִם. וּשְׁתֵּי הַיָּדַיִם מְגַשְּׁשׁוֹת לְזִיז בַּבּוֹר.
וּנְהָמָה – בּוֹאוּ הֵנָּה. נִרְאֶה אֶתְכֶם אַמִּיצִים לַעֲלוֹת מֵהַחֲלוֹמוֹת לַתְּבוּסָה.

5

אֲנִי בַּת אֵלִים. פַּעַם בְּמֵאָה שָׁנִים הֵם רוֹכְנִים אֵלַי
עִם שֵׁן אוֹ נוֹצָה אוֹ רְסִיס זָהָב. פַּעַם בְּמֵאָה הֵם אוֹסְפִים
לַעֲרֵמָה אֶת הָאוֹתִיּוֹת שֶׁהִתְפַּזְּרוּ כְּשֶׁנָּפַלְתִּי פָּרָשׁ מִשֶּׁמֶשׁ
לָאֲדָמָה. אֲבָל אֵינִי חַיָּה מַמָּשׁ. אֲנִי חוֹלֶמֶת
לֹא עַל מַה שֶּׁעָתִיד לָבוֹא. אֲנִי חוֹלֶמֶת כְּמוֹכֶם – לָשׁוּב עַל עִקְּבוֹתַי.

6

בַּלַּיְלָה, לַכַּר, בָּכִיתִי. הַמֵּת צִפּוּף הַנּוֹצוֹת
נֶחְבַּל בְּעָבְרוֹ דַּרְכִּי אֶל הָאוֹר. לִפְנֵי שָׁנָה
הוּא טָס פְּרוּשׂ כְּנָפַיִם מֵעַל הַמַּיִם הַשְּׁחֹרִים
נָמוֹךְ מַתִּיז
בְּפּוֹטֶנְצְיַאל הַקֶּרַח
תְּנוּעוֹת. אֲבָל לֹא נִמְצֵאתִי רְאוּיָה לָלֶדֶת
חַיִּים מִתּוֹךְ הַסֵּמֶל - אֵינִי יוֹדַעַת לָמָּה.
בַּלַּיְלָה, לְפֶתַע, בָּכִיתִי, פָּנַי לָעֵבֶר הַשֵּׁנִי.
צִפֳּרִים אֲפֹרוֹת גְּזוּזוֹת כְּנָפַיִם מְנַתְּרוֹת בַּחוֹל.
לוּ הָיָה מַמְרִיא מִתּוֹכִי הָיָה בֶּן שָׁנָה.
לוּחַ הַשָּׁנָה מְנַגֵּן אֶת יְמֵי הָאֵבֶל
וְעַל סַף הַשֵּׁנָה אֲנִי שׁוֹמַעַת אִוְשָׁה שֶׁהָיִיתִי עֲתִידָה לָתֵת לָהּ שֵׁם
וְהִיא בּוֹר בְּבוֹרוֹת הָאֲפֵלָה

4

I'll either say it quickly or shut up.
There are two ways to write.
With a drawn knife in the light, in the right-hand fist. In the left,
the heart I have torn from the chest.
And a shout—come here, show yourselves, you cowards.

Or with a knife held between the teeth. And both hands groping
                    for a ledge in the pit.
And a growl—come here, I dare you to rise from dreams to defeat.

5

I am the daughter of gods. Once in a hundred years they lean toward me
with a tooth or a feather or a sliver of gold. Once in a hundred years
they gather into a heap the alphabet, scattered when I, a rider,
fell from sun to earth. But I don't actually live my life. I dream
not about what is to come. I dream like you—to retrace my steps.

6

At night, on my pillow, I wept. In his dense plumage, the dead
was harmed as he went through me toward the light.
A year ago, wings spread, he flew low above the black water,
splashing motions in the potentiality of ice.
Still, I was not deemed worthy to give birth
to life from the image—I don't know why.
At night, all of a sudden, I wept, facing away.
Gray birds shorn of wings hop on the sand.
Had he soared from inside me, he would have been a year old.
The calendar plays the days of mourning
and on the verge of sleep I hear a rustle I was destined to name,
a pit in the pits of darkness.

7

אֵיזוֹ טַעֲנָה הִיא טַעֲנַת אֱמֶת:

הָאֹשֶׁר – אֲנִי אֲחוּזָה בִּידֵי מַה שֶּׁאֲנִי אוֹחֶזֶת
הַיָּגוֹן – אֲנִי אֲחוּזָה בִּידֵי מַה שֶּׁאֲנִי אוֹחֶזֶת
הָאֱלֹהִים – אֵשׁ בּוֹעֶרֶת וְאֵינָהּ מַבְעִירָה

מָוֶת – מִדֵּי יוֹם חוֹדְרִים חֶזְיוֹנוֹת לַנֶּפֶשׁ וּמַכִּים בָּהּ עַד שֶׁהַגּוּף נוֹפֵל, עֲצוּם עֵינַיִם,
לִידֵי הַמַּרְאוֹת
הַפּוֹשְׁטוֹת אֵלָיו יָד.

מְשׁוֹרֵר כְּבָר אָמַר עַל מְשׁוֹרֵר: תַּכְלִיתוֹ שֶׁל הַמְשׁוֹרֵר לַהֲפֹךְ לְסוּס.

תְּשׁוּקָתָהּ שֶׁל הַמְשׁוֹרֶרֶת הָיְתָה לַהֲפֹךְ לְפָרָה בִּזְרוֹעוֹת גֶּבֶר אֶחָד. חָלָב יִזַּל עַל הָרִצְפָּה, חֶמְאָה בָּרֶפֶת בָּהּ אֶהְיֶה לְפָרָתְךָ

8

הַאִם אַתְּ מַבְטִיחָה לִהְיוֹת נֶאֱמָנָה לְאִשָּׁה אַחַת בִּבְרִיאוּת וּבְחֹלִי בְּעֹשֶׁר וּבְעֹנִי בְּאֻמְלָלוּת וְשִׂמְחָה – הַאִם אַתְּ מַבְטִיחָה לֶאֱהֹב אוֹתָהּ וּלְכַבֵּד אוֹתָהּ – וְלָשֶׁבֶת בַּחֲשֵׁכָה, צְפוּפָה בִּנְקֻדַּת אַרְכִימֶדֶס, עִם סֵפֶר זָרוּעַ שִׁלְדֵי-עָלִים, רִקְמוֹת-עֵצָה חוּמוֹת כְּיָרֵחַ, וְשָׁעוֹן מֻזְהָב שֶׁקְּרָבָיו לוּלְאוֹת כְּפוֹר, הַאִם אַתְּ מַבְטִיחָה לְשַׂמֵּחַ אֶת לִבָּהּ בְּסוֹדָן הָרָחוֹק שֶׁל אוֹתִיּוֹת, הַמְסֻגָּלוֹת לְהָרִים מַשָּׂאוֹת כְּבֵדִים כִּי נוֹלְדוּ מֵרִקְמוֹת עֲצַבִּים וְדָם וְקָרְבָּן, הַאִם אַתְּ מַבְטִיחָה לִהְיוֹת לָהּ כְּאֵם כְּאָחוֹת, הַאִם אַתְּ מְסֻגֶּלֶת לְהַקְשִׁיב לְמַעֲשֵׂה יָדַיִךְ שֶׁלָּךְ בְּעוֹדֵךְ מְחַבֶּרֶת נֶפֶשׁ וּפֶתֶן וְכוֹכָב הַאִם אַתְּ רוֹצָה לַעֲמֹד בְּאוֹר הָאַלְכִימְיָה הָעַז כְּשֶׁחֹמֶר הַמֶּטָפוֹרָה מְשַׁחְרֵר אֵשׁ לְהַצִּית אֵשׁ, לֹא אֲנָלוֹגִית, מַמָּשִׁית שֶׁל תְּשׁוּקָה לְהוֹשִׁיט יָד אֶל מַה שֶּׁנִּדְמֶה רָחוֹק וְאָבוּד

7
Which of these claims is a claim of truth:

Happiness—I am held by what I am holding
Sorrow— I am held by what I am holding
God—a burning fire that does not kindle

Death—every day revelations penetrate the spirit and strike it until
          the body drops,
eyes shut, into the hands of visions
that reach out to it

A poet has already said about a poet: A poet's destination is to
          become a horse.

The desire of the poetess was to become a cow in the arms of one
man. Milk would spill on the floor, butter in the cowshed where I
would become your cow

8
Do you promise to be faithful to one woman in health and in
sickness, in riches and in poverty, in misery and in happiness, do
you promise to love and respect her, and sit in the dark, crammed
in the Archimedean point, with a book strewn with the skeletons
of leaves, bark layers brown like the moon, and a gilded watch
whose insides are loops of frost, do you promise to gladden her
heart with the remote secret of alphabets that can lift heavy loads
since they have been born of nerve tissue and blood and sacrifice,
do you promise to be mother and sister to her, are you able to
listen to your own handiwork while merging spirit and viper and
star, are you willing to stand in the strong light of alchemy when
the matter of metaphor releases fire to light a fire, not by analogy,
but a genuine desire to extend a hand toward what seems distant

כִּפְלָנֶטָה זְנִיחָה בָּאָבָק וְהוּא חַם וּפוֹעֵם וְסָמוּךְ, מֵאָחוֹר, בַּדֶּלֶת, צִלָּהּ
מְבַקֵּשׁ לְהֵהָפֵךְ לִצְחוֹק, קוֹלוֹת הַהַבְשָׁלָה שֶׁל הַתַּפּוּזִים, וְהַגּוּף יַבָּשָׁה
לֹא יִטְבַּע לְעוֹלָם נָע בֵּין אוֹר לִפְנִינָה לְסֵמֶל, יֹפִי הַמַּחֲרִיב הֹוֶה. הַאִם
אַתְּ מַבְטִיחָה לָצֵאת מֵהָאֱמֶת וּמֵהַשֶּׁקֶר לְאֹשֶׁר הָאֵינְאוֹנִים שֶׁל הַהֶכְרֵחַ,
לִמְהִירֻיּוֹת הַלֹּבֶן שֶׁל הַשִּׁנּוּיִים הַאִם אַתְּ מַבְטִיחָה הַאִם אַתְּ נִשְׁבַּעַת הַאִם
אַתְּ יְכוֹלָה לְהַסְמִיךְ בֵּין הַזִּכְרוֹנוֹת לָאֱמֶת מִבְּלִי שֶׁרְפָאִים יֵצְאוּ מִקִּירוֹת
לִגְמֹעַ אֶת הַשֶּׁמֶשׁ הַזּוֹרֵחַ מִבַּעַד לְבֹהוּ מַעֲשַׂיִךְ וְהַיּוֹמְיוֹם יִכָּנֵס עִם הָאֵל
שֶׁמֵּת, וְיֶחֱצֶה אוֹתָךְ מִשְׁתָּאָה, בֵּין רְאִיָּה לֶהֱיוֹת.

and lost like a planet abandoned in the dust and yet is
warm and beating and near, behind, in the door, her shadow
seeks to become laughter, the sound of oranges ripening, and
the body a continent that will never drown, moves between light
and pearl and symbol, a beauty that obliterates the present. Do
you promise to come out of the truth and the lie to the helpless
joy of necessity, to the white speeds of change, do you promise
do you swear, can you link the memories to the truth without
phantoms coming out of the walls to drink up the sun shining
through the chaos of your pursuits, and the mundane will enter
with the god who died and split you—astonished between seeing
and being.

גנֵבות

בְּאֶמְצָעוֹ שֶׁל לַיְלָה, בְּאֶחָד מִקִּפְלֵי לַיְלָה
הַנִּפְלָח שְׁנַיִם אֲרֻכּוֹת עַל צִיר
מַחְשָׁבָה אַחַת
שְׁתֵּים עֶשְׂרֵה דְּלָתוֹת מְצַיֶּרֶת הַיָּד לַקִּיר
כִּי אֵיךְ נִתָּן לַעֲזֹב אֶת הַבַּיִת
שֶׁבְּתוֹכְכֵי בַּיִת בּוֹ כָּל צַעַד קָדִימָה
הוּא גַּם צַעַד לְמַטָּה –

בְּאֶמְצָעוֹ שֶׁל לַיְלָה, בְּאֶחָד מִקִּפְלֵי לַיְלָה
מוֹתִירִים חֶזְיוֹנוֹת הַנְּמוֹגִים בַּשֶּׁמֶשׁ
חֹמֶר שָׁחֹר, עַצְבוּת חַיִּים שֶׁלֹּא נֶחְיוּ. אֲפִלּוּ הַבַּרְדְּלָס,
נְסִיךְ סֶלִינָה, זֶה מַה שֶּׁיַּכְרִיעוֹ. קָרָאתִי.
אֲנִי קוֹרֵאת שׁוּב וָשׁוּב אוֹתָם סְפָרִים
(צְהֻבֵּי עֵינַיִם וְשִׂמְחָה כְּבוּשָׁה) – אֲנִי מְחַפֶּשֶׂת
גָּרוֹן לַכְּתִיבָה הָאִטִּית בְּיוֹתֵר בְּחַיַּי, לָאֱסוֹר בִּרְאִיָּה

(אֵי שָׁם מִתְכּוֹנֵן הַטֶּבַע לְהַבִּיט בִּי
וּלְשַׁנּוֹת לִי צוּרָה אִם אָעֵז לְמַלֵּא
טוּרֵי שִׁיר רֵיקִים, כִּי רָאִיתִי)

יֵשׁ אִשָּׁה בְּתוֹךְ הָאִשָּׁה שֶׁרוֹצָה מַה שֶּׁאֵינָהּ רוֹצָה
וּפוֹסַעַת בַּשָּׁרָב בִּמְעִיל צֶמֶר אָדֹם
אֶל הַבִּלְתִּי אֶפְשָׁרִי – לְהַעֲלוֹת בָּאֵשׁ מַה שֶּׁהָאֵשׁ דָּחֲתָה
מַה שֶּׁחָסֵר לוֹ מֶתֶק כָּפִיל וְצֵל
נוֹפֵל לְתַאֲוַת הַיֹּפִי, הַגְּדוֹלָה בַּתַּאֲווֹת
וּמַה שֶּׁמֻּתָּר הָיָה רַק לָאֱלֹהִים, לוּ הָיָה,
לִכְרֹךְ תְּבוּסָה בְּאֶקְסְטָזָה, מֻטְבָּע לְקָלוֹן
עַל כָּל הָרוֹאִים-הַבִּלְתִּי-נִרְאִים, וּלְזַמֵּר

Theft

In the middle of the night, in one of the folds of night
pivoting for many years
on the axis of one thought,
twelve doors are drawn by hand on the wall
for how can one leave the house
within a house wherein each step forward
is also a step downward

In the middle of the night, in one of the folds of night
sights that fade in the sun leave behind
dark matter, the sorrow of unlived lives.
Even the Leopard, prince of Salina,
will succumb to it. I have read.
I keep reading the same books again and again
(they are yellow-eyed and their joy is contained)—
in search of a throat for my slowest writing ever,
for what is forbidden to behold

(Somewhere nature prepares to watch me
to transform me if I dare fill up
empty lines of poetry, since I did behold)

There's a woman in the woman who wants what she does not want
and she walks in the heat wearing a red wool coat
toward the impossible—to set on fire what the fire has refused.
All that is bereft of the sweetness of a double and a shadow
yields to the grandest of lusts, the lust for beauty,
and to what has been granted to God alone, if He existed,
to bind defeat with ecstasy, stamping the mark of disgrace
on all those who see and are unseen, and to sing

"הַמְחַבֶּלֶת וַפָּא אַל-בַּס מִתְפַּשֶּׁטֶת
חוֹשֶׂפֶת אֶת 'תַּחְתּוֹנֵי הַנֶּפֶץ'
מְנַסָּה לְהַפְעִיל אֶת הַמִּטְעָן – וְנִכְשֶׁלֶת
אֶתְמוֹל בְּאֵזוֹר מְבוֹדָד, בְּמַחְסוֹם אֶרֶז"

לוּ הָיָה הָרָץ שָׂר בְּאָזְנֵי הַמֶּלֶךְ
שֶׁשָּׁכַב עִם אִמּוֹ וְרָצַח אֶת אָבִיו
וְהֶעֱלִים כְּקוֹסֵם מִפְלֶצֶת אֶת תִּסְבּוֹכוֹת
הַדָּם, הַאִם הָיָה נוֹתַר כֹּחַ בַּמֶּלֶךְ לוֹמַר
"יְצוּר חֹשֶׁךְ נוֹרָא זֶה אֲנִי" וְנַפְשׁוֹ
לְנֹכַח שׁוּרַת גּוֹרָל מְזַמֶּרֶת הַאִם לֹא הָיְתָה
נִשְׁחֶתֶת בְּבִזְיוֹן הַיִּסּוּרִים

יֵשׁ לַיְלָה בְּצָהֳרֵי הַיּוֹם.
מַבָּט יִתָּכֵן לוֹ לַהֲפֹךְ לְעֶבְדָּה
שֶׁל נֶפֶשׁ. טֵרוּף הַמְקַנֵּן בָּרַחֲמִים.
הִתְכּוֹפַפְתִּי לָעִתּוֹן וְרָאִיתִי כְּמוֹ מָרִיָּה
תְּבוּסָתֵךְ מוּרֶמֶת לְנֵס חַיַּי, וּמוֹתֵךְ
שֶׁנִּכְשַׁל נִפְלָא לְעֵינֵינוּ – הִנֵּה נִמְצָא הַכָּפִיל
בְּאֶרֶץ לְלֹא צֵל, נָע בִּגְבוּל חֲלוֹמוֹתָיו וְיֵשׁ לָהּ פֶּצַע לְהַעֲנִיק

"The terrorist Wafa al-Bass undresses
exposing her 'explosive underpants'
she attempts to detonate the bomb and fails
yesterday in a designated area near the Erez Roadblock"

If the messenger were to sing to the king
who had slept with his mother and killed his father
and, like a monster-magician, made blood entanglements
disappear, would the king still have the strength to say
"This terrible creature of darkness is me" and his spirit,
in the face of a singing strophe of fate,
would it not be disfigured in the humiliation of pain

There is night in the noon of day.
A glance may become a fact
of spirit. A madness nesting in pity.
I bent over the newspaper and, like Mary,
saw your defeat elevated to the miracle of my life,
your failed death a marvel to our eyes—here, the double
has been revealed in a land of no shadows, traveling
within the borders of her dreams, with a wound as offering

אש מזווגת

וְהָלְאָה מִכָּאן? נִדְמֶה מֵעוֹלָם לֹא הִצְלִיחוּ לְתָאֵר אֶת סִבְלוֹת
אַהֲבָתֵנוּ. הַחֲלוֹם נוֹתֵר, סֻלָּם
לַעֲלוֹת וְלָרֶדֶת, זָרִיז מְאֹד טִפֵּס בּוֹ מְשׁוֹרֵר תִּשְׁעִים מֶטֶר
מֵעֵבֶר לְכָל מַדַּף סְפָרִים שֶׁהִסְפַּקְתִּי לִקְרֹא, מֵעֵבֶר לְמִפְרְשֵׂי דְּבוֹרִים
שְׁחֹרוֹת
הִלּוֹת וּמִזְמוֹר, מִי שֶׁרְצוֹנָם חָזָק מְאֹד וְהָאֶרוֹס בּוֹהֵק בְּעֵינֵיהֶם
וּפוֹתֵחַ בִּפְנֵיהֶם מֶרְכָּבוֹת
לְמַסָּעוֹת אֱלֹהִיִּים. מָהֵם מַסָּעוֹת אֱלֹהִיִּים? לִשְׁכַּב עִם חַיָּה.
עִם הַשּׁוֹר וְעִם הָאַרְיֵה
וּלְהֵעָנוֹת לַצּוּרָה הַחַפָּה שֶׁל הַפְּרָחִים הָעוֹמְדִים בְּהִתְפּוֹרְרוּת הַכְּסוּת
– לְאָן מַפְלִיגוֹת דָּלִיּוֹת אֲדֻמּוֹת וְחַמָּנִיּוֹת מֻגְדָּלוֹת אִישׁוֹנִים? – וַעֲדַיִן
וּבְיֶתֶר שְׂאֵת
לִדְבֹּק בַּגּוּף, בַּחֶזְיוֹנוֹת הָעוֹלִים כְּאֵד מִמְּחִלּוֹת הָרָעָב
הַמַּטִּילוֹת אֵימָה בַּבּוֹגְדִים. מִי הֵם הַבּוֹגְדִים? אֵלּוּ שֶׁמֵּעוֹלָם לֹא
שָׁכְבוּ עִם פָּרָה
וְהַחִטָּה לֹא קָדָה לָהֶם בַּשָּׂדֶה, וְהַקֹּר הַנּוֹרָא שֶׁל הַכּוֹכָבִים לֹא הִכְסִיף
אֶת הַבָּשָׂר הַשָּׁחֹר-וָרֹד שֶׁל הַפִּתּוּי וְהַמִּרְמָה.

וְהָלְאָה מִכָּאן? שָׁמַעְתִּי אֶת הַנְּעָרוֹת בּוֹקְעוֹת מִגָּלְמֵי צְרָעוֹת
מֵהָרַעַם הַשָּׁחֹר שֶׁל הַלֵּדָה
הַסּוֹבֶבֶת בְּצֶנְטְרִיפוּגָה שֶׁל שֶׁקֶט; נַעֲרָה אַחַת פָּסְעָה מְשׁוּרָה
וְאָמְרָה עַל רֶקַע הַמַּקְהֵלוֹת וְהָאֵלִים הַנִּדּוֹנִים לְעָשָׁן וַעֲצָמוֹת
"כְּשֶׁשָּׁכַבְתִּי עִמּוֹ שָׁכַבְתִּי עִם אַרְיֵה. אַרְיֵה גָּדוֹל, גָּרוּם וּפָצוּעַ.
חַיַּת הַמֶּלֶךְ הַשּׁוֹרֵד, שֶׁעֵינָיו זוֹלְגוֹת וּזְבוּבִים רוֹחֲצִים כַּפּוֹת סְבִיב רֹאשׁוֹ.
שָׁכַבְתִּי עִם מִי שֶׁהֶעֱנַקְתִּי לוֹ כְּמַהֲתַלָּה אֶת הָאֵמוּן, אֶת הַחֹר שֶׁבַּלֵּב.

Glazed Fire

And farther from here? It seems they never captured
the pain of our love. The dream remained, a ladder
to climb up and down, a nimble poet
climbed it ninety meters beyond every bookshelf
I've managed to read, beyond the sails of black bees,
the song and halos of those who are resolute and in whose eyes
the Eros burns, opening before them chariots of celestial travels.
What are celestial travels? To lie down with a beast, with the bull
                    and the lion,
and to yield to the wholesome shape of flowers weathering the decay
of sheaths—where do red dahlias travel? And wide-eyed sunflowers?—
while still cleaving even more to the body, to the visions rising like vapor
from the tunnels of hunger that cast fear in the hearts of traitors.
Who are the traitors? Those who never lay down with a cow,
and wheat in the field never bowed to them,
and the awful coldness of the stars
did not silver the black-pink flesh of deceit and seduction.

And farther from here? I heard the girls emerge from the larvae of wasps,
from the black thunder of birth that spins
in a centrifuge of stillness. One girl stepped forth from a row
and, against the backdrop of choirs and gods condemned to smoke
                    and bones,
said: "When I lay with him I lay with a lion. A big lion, gaunt
                    and wounded.
The beast of the surviving king whose watery eyes tear and flies rub
                    their forelegs
around his head. I lay with the one I had granted—in jest—the trust,
                    the hole in the heart.

וְכָל מַה שֶּׁהָיָה בָּנוּ דַּל וְאֶבְיוֹן וְרִמָּה – מַמָּשׁ כָּךְ – הָיָה הַזֹּהַר הַנּוֹדֵף שֶׁל הַפֶּצַע
הִסְפַּקְנוּ לִרְאוֹת אֵיךְ דּוּמִיָּה מַחֲלִיפָה
בֵּינֵינוּ פָּנִים, בֵּין הַקְּרָעִים הַגְּדוֹלִים שֶׁבְּרִשְׁתוֹת הָעֲצַבִּים, קַמְנוּ תְּאוֹם לִתְאוֹם
עִם עַיִן צְהֻבָּה וְנִיב נוֹטֵף
מַכְתִּים צִנַּת תַּחֲרֹת זִכְרוֹנוֹת, לְנֶמֶק
מִי עוֹד יִהְיֶה בָּעוֹלָם שׁוּב לִנְשֹׁף בִּי –
לְמִי אַעֲנִיק וּמִמִּי אֶטֹּל אֶת הֶחָלוּל
כְּשֶׁהַכֹּל, כָּךְ נִרְאֶה, מִתְפּוֹגְגִים בְּעַנְנֵי פַּרְוָה וְנוֹצוֹת.

And all that was poor wretched and wormy in us—truly—was
                    the reeking splendor
of the wound. We managed to witness how silence switched
faces between us, between the large rifts in the networks of nerves,
we rose, twin to twin, with a yellow eye and a dripping fang
that stains the frosty lace of memories to rot.
Who else would be in the world to once again breathe into me.
To whom would I give, from whom would I take the hollowed
when everyone, so it seems, dissipates in clouds of furs and feathers.

לַגְּנוֹם וְלַגּוֹבְּלִין, לַמּוֹשִׁיעַ שֶׁלִּי אָמֵן

שָׁעָה אַחַר שָׁעָה הָיִיתִי חוֹפֵם שֶׁל תִּפְרֵי הַמַּיִם

(עֲצֹר עֲצֹר קָרְאָה הָאִשָּׁה מֻכַּת הַפַּחַד תַּחַת אַבְנֵי הַלַּיְלָה)

מִתּוֹךְ מִשּׁוּשׁ קַוֵּי הַפְּרִימָה אֲנִי כּוֹתֶבֶת לְךָ
(הַחֲזֵק בִּי קָרוֹב אֵלֶיךָ, בְּתוֹכְכֵי הָאוֹר בְּעֹמֶק זִכְרוֹנְךָ)

(תַּחַת הָאֲבָנִים עוֹלֶה הַקָּנִיבָּל, לֹעַ שֶׁדָּבַק בּוֹ הָאֵזוֹב)

אֲנִי כּוֹתֶבֶת עַל דַּף כָּסוּף-לָבָן, זֶה הַמִּפְשָׂט הַיָּקָר לְלִבִּי,
אֶפְשָׁר לְקַמְּטוֹ לְסִירוֹת נְיָר וּמְשֻׁלָּשֵׁי אֲוִירוֹן

(מֵעַל אֲפֵלָה נְטוּלַת מִפְתָּן, אֲהוּבֶיהָ יְשֵׁנִים פְּרוּשֵׂי
כַּפּוֹת עַל יָרֵחַ אוֹ מַאְדִּים, קְמֵעוֹת נֶגֶד טְבִיעַת אֱלֹהִים וְלִוְיָתָן)

מְקַפֶּלֶת לִמְעֻטָּפָה פְּקָעוֹת וּשְׂרוֹכִים, אֲנִיצֵי הַנִּכְתָּב
וּמַמְשִׁיכָה עֲדַיִן הָרוּחַ מִלְמַעְלָה

מְפַקֶּרֶת לְחֹשֶׁךְ חִיצוֹן שֶׁל כְּפָרִים וּגְבוּל מְטֻשְׁטָשׁ בֵּין מְדִינוֹת
(עַד הַלַּיְלָה הַהוּא רַק לַנֶּפֶשׁ הָיוּ טְלָפַיִם כְּאִלּוּ רַכּוֹת וּכְבֵדוֹת)

לַמַּפְצִיעַ עַל גִּבְעוֹת הַדֶּשֶׁא, עַל אָהֳלֵי הָעוֹבְדִים בַּזְּרִיחָה, עַל הָעֲנָבִים
הַלְּבָנִים בַּכְּרָמִים, הַהַמְחָצוּת בַּפֶּה הִיא מְהִירָה וְצוֹרֶבֶת,
לָשֵׂאת אֶת מִלּוֹת הַהַבְטָחָה "אֲנִי אָבִיא אוֹתְךָ עַד חַדְרֵךְ"

For the Gnome and the Goblin, For My Redeemer Amen

Hour after hour I was the shore of the seams of water

(Stop, stop, the fear-stricken woman called under the stones of night)

I write to you as I trace the lines of unraveling
(Hold me close, inside the light in the depths of your memory)

(Under the stones the cannibal stirs, moss sticking to maw)

I write on a silvery white page the abstraction dear to my heart,
you can fold it into paper canoes and triangular airplanes

(Above an unbroken darkness, on the moon or on Mars, her
        beloveds sleep,
palms spread, amulets against the drowning of God and Whale)

I fold into an envelope bulbs and laces, tufts of the written,
and the wind still blows above

Abandoned to the outer darkness of villages and the blurry
        border between countries
(up until that night only the soul had such soft and heavy paws)

For he who dawns upon grassy hills, upon the tents of laborers
        at sunrise,
upon the white grapes in the vineyards, the grind in the mouth is swift
and stinging, bearing the words of promise:
"I will see you to your room"

שֶׁיַּעֲלֶה שֶׁיִּתְגַּלֶּה מֵחָדָשׁ בְּתָאֳרוֹ שֶׁאֵין לוֹ תֹּאַר הַמּוֹשִׁיעַ

הִיא רָצָה עַל אֲבָנִים לְבָנוֹת, מִדַּרְדְּרוֹת
(תַּחְתָּן יָשַׁב הַקָּנִיבָּל, זֶה שֶׁעֲדַיִן לֹא הִרְהֵר בְּמוֹתוֹ)

הַמּוֹשִׁיעַ
רֹאשׁ מַקְרִיחַ, עֵינַיִם בּוֹלְטוֹת – לֶפֶת אוֹ עַכָּבִישׁ – זְרוֹעוֹת אֲרֻכּוֹת רַגְלַיִם
קְצָרוֹת וּבִרְכּוֹת שֶׁל קוֹף, שֶׁל מִי הַמַּעֲרִים בַּיּוֹם אֶת הַשָּׁלָל הַיָּרֹק הַשָּׁחֹר,
תֵּבָה לָזֶה וְתֵבָה לָזֶה, בְּדֶרֶךְ הַתְּסִיסָה וְהַחִכָּיוֹן לַפְּלָאוֹת עַל מַשָּׂאִית
לְהִתְגַּלּוֹת שׁוּב שָׁקוּף וְצָלוּל וּמְשַׁכֵּר, זֶה הַיַּיִן

(וְהִיא מְבַקֶּשֶׁת אֶת כִּעוּרוֹ הַמְלַבֵּב
אֵיךְ נָגְעָה בַּחוֹלֶה וּבָעִוֵּר אִם לֹא בְּעָצְמַת הָאֵמוּן לְאַחַר שֶׁאָסַף אוֹתָהּ
מִתְיַפַּחַת מֵאֶמְצַע הַלַּיְלָה)

הַאִם אַתָּה אִי שָׁם אוֹ רַק בְּנוֹאָשׁוּת הַזִּכָּרוֹן
שֶׁאֵינוֹ יוֹדֵעַ אֵיךְ לְגַלְגֵּל עַצְמוֹ מִגֹּלֶם תַּכְרִיכִים לְקַו שֶׁמֶשׁ

(מָה עָלַי לַעֲשׂוֹת לְבַד עִם קְדֻשַּׁת הַחַיִּים שֶׁהִתְגַּלְּתָה לִי, חַיַּי –)(וַאֲהוּבִי
אִשָּׁה וְתִינוֹק, עוֹגְנִים לָבֶטַח עַל יָרֵחַ אוֹ מַאְדִּים, מְעֻכָּבִים בָּאוֹר)

בּוֹא אֵלַי

אַתָּה מִתַּחַת לְעֵץ הַחַבּוּשׁ מֵעֵבֶר לַיָּם בִּכְפָר קָטָן
וְהָרוּחַ נוֹשֶׁבֶת חַמָּה וּמְהִירָה וְיֵשׁ סַכָּנַת שִׁדָּפוֹן וְסַכָּנַת הַתּוֹלָעִים וְהַחֲגָבִים

Let the redeemer rise and be revealed anew in his image that
        has no image

She runs across white shifting stones
(under which the cannibal sat, the one who has yet to reflect
        on his death)

The redeemer
a balding head, bulging eyes—turnip or spider—long arms short
legs and the tenderness of a monkey, of one who amasses during
the day the green and black booty, a crate for this, a crate for that,
on the road to fermentation and the anticipation of wonders on a
truck to be revealed again, transparent and intoxicating—the wine

(And she seeks his endearing ugliness
how else could she touch the sick and the blind if not with the
weight of trust after he had gathered her from the night)

Are you around somewhere or only in the desperate memory
that does not know how to transform itself from larva of shrouds
        into a sunbeam

(What am I to do alone with life's sanctity that was revealed to
        me, my life—)
(and my beloveds, a woman and a baby, are securely anchored on
moon or Mars, withheld in light)

Come to me

You under the quince tree in a small village across the sea
and the wind blows warm and brisk and there's the danger of blight
        and the danger of worms and locust

(מִי יִתֵּן הַיְכֹלֶת הַזֹּאת לְהַנִּיחַ עֲדִינוּת אֶת הַחַיִּים שׁוּב וָשׁוּב בַּשֶּׁבֶר הַזֶּה
בַּתֹּהוּ הַזֶּה שֶׁל אוֹתִיּוֹת)

וְהַפְּצָעִים דַּרְכָּם נִכְנְסוּ זֶה בָּזֶה זוֹהֲרִים וּרְטֻבִּים
הָעֵינַיִם וְהָאִישׁוֹנִים, כֵּן, מִסְתּוֹרֵי כָּל כָּךְ אֵיךְ עוֹבֶרֶת אָדָם לְהִתְגּוֹרֵר בְּאָדָם
וְהוֹפֶכֶת שְׁוַת עֵרֶךְ

(כִּי זָכְתָה –)
(וְאֵינָהּ בְּטוּחָה אִם תּוּכַל לְהַמְשִׁיךְ וְלָשֵׂאת בְּעֹל הַמִּשְׁפָּחָה הַפַּרְנָסָה
הַכְּתִיבָה –)

(לִהְיוֹת הָאוֹקְיָנוּס הַנּוֹהֵם שֶׁל טֶרֶם וְרֵאשִׁית שֶׁעַל פָּנָיו הַנּוֹדְדִים דָּבָר לֹא
נִשְׁקָף מְעַט לְאֵיזֶה נֹגַהּ לֹא מְחֻוָּר מֵהֵיכָן נִגָּר)

שְׁוַת עֵרֶךְ אִם מַעֲנִיקָה בְּחִנָּם מַה שֶּׁלְּלֹא הֶרֶף הָגִית

*

אִשָּׁה וּגְנוֹם פּוֹשְׁטִים בְּגָדִים, מַפְתְּחוֹת וּצְרוֹרֵי מַטְבְּעוֹת, וְטֶלֶפוֹנִים
מְכֻבִּים וּבַדּוֹמֵם סְבִיבָם הוּא שָׁר בְּאָזְנֶיהָ, בְּשָׂפָה זָרָה, אֶת הַתְמָדָתוֹ לְהַעֲבִיר
אוֹתָהּ מֵהַיַּעַר מֵהֶהָרִים אֶל הַמַּיִם שֶׁאֵין בָּהֶם מִשְׁעָן וְאֵין בָּהֶם תְּנוּמָה וְאֵין
בָּהֶם צְלִילָה, וְהֵם הַחֹמֶר הַמְסָרֵב לְהִכָּתֵב, לְהִשְׁתַּנּוֹת
וּבָאֲפֵלָה מְרַצֵּד אוֹר מִמָּקוֹר לֹא נוֹדָע (מִתְפָּרִים נִפְרָמִים?)

(If only I were granted the ability to gently set life again and
        again in this rupture in this desolation of letters)

And the wounds through which they entered one another are
        glowing and wet, the eyes the pupils, yes, so very
mysterious how one moves to reside in another and
        becomes equal

(For she had been granted—)
(And she is not sure she could shoulder the burden of family
livelihood writing—)

(To be the roaring ocean of before and after across whose
roaming face nothing is reflected except a luminance whose
origin is unclear)

Equal if I freely grant what I've always wished for

*

Woman and Gnome strip off clothes, keys and coins, switched-
off phones, and in the stillness around them he sings to her, in
a foreign tongue, his diligence to bring her back from the forest
and mountains to the water that offers no foothold, no respite, no
diving, a substance that refuses to be written, to be transformed
and in the darkness a light flickers from an unknown source
(from unraveling seams?)

בְּסַבְלָנוּת וּבְאֵמוּן אֵינְקֶץ הֵם מַחֲלִיפִים שֵׁמוֹת, מְבוֹכִים נְטוּשִׁים,
מְמִירִים נְשִׂיאָה בְּעֹל-חֲלִין שֶׁמּוֹתִיר סִימָנִים בַּזְּרוֹעוֹת וּבַגַּב
בִּרְפוּאָה שְׁלֵמָה שֶׁל חֹסֶר-יְדִיעָה-עַצְמִית

בְּהַכְנָעָה הוּא פּוֹתֵחַ לְמַעֲנָהּ דֶּלֶת אֶל מַה שֶּׁאֵין עָלָיו בַּעֲלוּת וְהוּא רָאוּי
לְבִזָּיוֹן, וְאֵין בּוֹ חֹפֶשׁ, אֲבָל יֵשׁ בּוֹ תְּנוּעָה רְצוּפָה בֵּין הֵדִים

וְהִיא תִּכְתֹּב לוֹ יוֹמַיִם אַחֲרֵי, בְּאֶקְסְטָזָה הַמְזַמֶּנֶת קִסְמֵי פָּרָדוֹכְּסִים,
הוֹתַרְתָּ אוֹתִי אֵיךְ זֶה אֶפְשָׁר מְנֻפֶּצֶת בְּנֶחָמָה גְּדוֹלָה (וְהָאוֹקְיָנוֹס
בֵּינֵיהֶם אָפֹר וְקַר, כְּבַמֹּחַ מִשְׁתַּקְּפִים בּוֹ כּוֹכָבִים עֲמֻקִּים)

אֲבָל לֹא קַר לָהּ וְהִיא לֹא רוֹצָה לְהַעֲלוֹת עַל הַדַּף מִלִּים
אֶת פָּנָיו הַכְּעוּרוֹת, הַמְגֻחָכוֹת הִיא רוֹצָה בְּסָמוּךְ לְפָנֶיהָ לִשְׁאֹל
אֱמֹר לִי שׁוּב (בִּשְׂפַת בְּנֵי תְּמוּתָה) מַה זֶּה הָיָה הָרֶגַע שֶׁאָמַרְתָּ?

Patiently and with infinite trust they exchange names, abandoned labyrinths, substitute the shouldering of the mundane that leaves marks on the arms and back for the wholesome recovery of no self-knowledge

Humbly he opens a door for her toward what claims no ownership and is worth looting, holding no freedoms but does have constant movement from echo to echo

And she will write him two days later, in an ecstasy convoking the spell of paradoxes, you left me how come, shattered within a great consolation (and the ocean between them is gray and cold wherein, as in a brain, deep stars are reflected)

But she is not cold and she does not wish to put words on the page she wants his ugly preposterous face near her face to ask again (in the tongue of mortals), What was it you said just now?

Poet, dance critic, and editor **Anat Zecharia** was born in Tel Aviv. A graduate of the photography department of The NB Haifa School of Design, and of the Tel Aviv Alma College of Hebrew Culture, she has published four poetry collections, the latest of which, *To This Day* (2020), won the Shlomo Tanai Award for the Encouragement of the Publication of Creative Work. Her work has garnered the Prime Minister Award, the Street Prize Award from the city of Tel Aviv, and the Young Poet's Award from the Sha'ar International Poetry Festival. Her poems have been translated into ten languages, including Albanian, Arabic, Chinese, English, and Swedish. Zecharia lives and works in Tel Aviv.

מה טוב ומה נעים שֶׁבת

תָּבוֹאוּ,
אֲנַחְנוּ מֻכְרָחִים לְהִתְרָאוֹת.
תָּבוֹאוּ, נֹאכַל נִשְׁתֶּה נָצוּף
וְנַעֲלֶה בַּאֲפֵלַת זָהָב
וּבֵין מִצְמוּץ לְמִצְמוּץ
נָנִיד בְּרָאשֵׁינוּ תְּמִימֵי רֵעִים.
קוֹרְנִים נַחְלִיק יָד עַל הַמַּפָּה
וְנִתְבּוֹנֵן בַּחֲרְצִיּוֹת הַנִּרְאוֹת
כְּכַלְבֵי פּוּדֶל צְחוֹרִים.
נַחְשֹׁב עַל אֵינְסְפוֹר דֻּגְמָאוֹת לְהָנִיס
אֶת הַמִּצְטַבֵּר סָבִיב:
מֶזֶג הָאֲוִיר, סֶרֶט, סֵפֶר, חֹק וָסֵדֶר, כָּל הָעוֹלָם נוֹכְלִים,
אָשְׁרָן שֶׁל הַתַּרְנְגוֹלוֹת שֶׁכָּל רֹאשָׁן
עָסוּק בְּגַרְגִּיר,
וְנִשָּׂא זֶה אֶת זֶה בִּגְבוּרָה.
נְחַלֵּק אֶת הָעוּגָה
נִלְעַס אוֹתָהּ לְאַט,
עוֹד פַּעַם וְעוֹד פַּעַם
וּנְלַוֶּה אֶת הַפֵּרוּרִים שֶׁנָּשְׁרוּ לָרִצְפָּה
בְּתְשׂוּמֶת לֵב עוֹטִים
תּוּגָה סְתָמִית.
זוֹכְרִים אֶת אַחְדוּת הַלֶּחֶם וְהַגּוּף
הַגַּרְגְּרָנוּת מְזַמֶּנֶת אֶת הָרֹק לְפִינוּ
הַתְּשׁוּקָה לְטֶרֶף זֵהָה.
נְדַבֵּר עַל אֲחֵרִים.
מִישֶׁהוּ יַזְכִּיר צֶמַח בַּעַל עָלִים עֲסִיסִיִּים
הַמְּשַׁמֵּשׁ מְזָרֵז שֶׁתֶן. יַחַד
נִתְלוֹנֵן עַל פִּתּוּי הַקֶּמַח וְהַסֻּכָּר
נַחְקֹר אֶת זְרִימַת הַדָּם בַּתַּפּוּז

How Good and How Pleasant to Dwell

Come,
we must get together.
Come, we will eat drink float
and rise in the dimness of gold
and in between a blink and a blink
we will nod our heads in fraternal accord.
Beaming, we will slide a hand across the tablecloth
and gaze at the chrysanthemums
that so resemble snow-white poodles.
We will entertain innumerable ways to dispel
all that gathers around us:
the weather, a movie, a book, law-and-order, everyone's a crook,
lucky the chickens whose only concern
is a grain
Heroically, we will hold each other up.
We will divide the pie
chew it slowly
again and again
and, assuming a faint melancholy,
we will observe the crumbs
dropping to the floor.
Recalling the kinship of bread and body
gluttony summons saliva to our mouths—
the voracity for prey is identical.

We will discuss others.
Someone will mention a leafy succulent plant
that stimulates urination. Together
we'll bemoan the lure of flour and sugar
we'll probe the flow of blood in the orange

נְנַפְנֵף בִּבְרִיאוּת
נִתְעַקֵּשׁ עַל 42 שְׁנוֹתֵינוּ
וְנִתְבּוֹנֵן בְּתִפְאֶרֶת פִּסּוֹת דְּגֵי הַסַּלְמוֹן
שֶׁנִּכְבְּשׁוּ עַל צַלַּחַת שְׁטוּחָה.
הַגֵּיהִנּוֹם הוּא כָּאן,
דָּבָר לֹא מַפְרִיד בֵּינֵינוּ
לְבֵין תִּפְאַרְתּוֹ הַגְּדוֹלָה שֶׁל אֱלֹהִים.
כְּשֶׁיּוֹפִיעַ הַשֶּׁקֶט הַקָּטָן הַצָּחִיחַ
נִשְׁתַּעֵל בַּעֲדִינוּת גְּדוֹלָה
כְּדֵי לִהְיוֹת בְּטוּחִים שֶׁאֲנַחְנוּ עֲדַיִן
בֵּין הַחַיִּים.
נְאַמֵּץ כֶּלֶב בַּל-יְפֻנֶּה
אֶל בִּרְכֵּינוּ בְּאַהֲבָה זוּגִית
דִּכְדּוּךְ כְּנֶגֶד דִּכְדּוּךְ.
אֱלֹהִים יִשְׁמֹר נֹאמַר בְּפִזּוּר נֶפֶשׁ.
נְדַבֵּר עַל מָה שֶׁאֶפְשָׁר לְסַפֵּר וְלִשְׁכֹּחַ
נִשָּׁאֵר עַד אֵין סוֹף בְּמַעְגָּל שֶׁל כֵּן? כֵּן!
אִישׁ לֹא נוֹתֵן וְאִישׁ לֹא לוֹקֵחַ
שָׁנִים רַבּוֹת שֶׁל דֶּרֶךְ אֶרֶץ.
תָּבוֹאוּ

we'll wave the banner of health
we'll claim our forty-two years
while contemplating the sublime slices of pickled salmon
laid out on a platter.
Hell is here,
nothing separates us
from the almighty glory of God.
And when the short arid pause arrives
we will cough with great delicacy
to make sure we're still
among the living.
We'll hug a stray dog
to our knees with a couple's devotion —
gloom against gloom.
God forbid, we'll say absentmindedly.
We'll talk about what can be told and forgotten.
We'll dwell into infinity in a ring of yes? Yes!
No one gives and no one takes
a long tradition of good manners.
Come

מולדת

בְּבֵית הַחוֹלִים בְּנַהֲרִיָּה
מַמְתִּינִים בַּתּוֹר לְאַף אֶחָד.
עֲצִיץ רַקָּפוֹת נָבוּל וְצָהֹב
בְּדִיּוּק כְּמוֹ שֶׁצָּרִיךְ לְהֵרָאוֹת
עֲצִיץ מַתָּנָה שֶׁהֵבִיאוּ
לְחוֹלֶה.

גַּגּוֹת הַשִּׁכּוּנִים כְּקֶצֶף גַּל
שֶׁמִּמֶּנּוּ נִבְנוּ הֶעָרִים
הַמְכַרְסְמוֹת בַּנּוֹף.

הָאוֹר פֹּה עָרִיץ, מְסַמֵּא
בְּשְׂפָתוֹ הַקֵּיצִית הַצְּרוּבָה,
בּוֹלֵעַ.

הָאָפֹר לֹא יִהְיֶה
כָּחֹל.

קַו הַמִּתְאָר עוֹבֵר בִּתְנוּעָה רַכָּה
אֲנָשִׁים מַפְשִׁירִים בַּשֶּׁמֶשׁ
בְּעֵינַיִם עֲצוּמוֹת לִרְוָחָה.
הַאִם הַמָּוֶת לֹא מַמְתִּין
דַּוְקָא בְּתוֹךְ נִצְחִיּוּתוֹ שֶׁל הַיָּם
הַמְפַתֶּה.

בְּטִיּוּל רִאשׁוֹן זָהִיר שֶׁל הַחְלָמָה
לַנּוֹף יֵשׁ פָּנִים נוֹסָפוֹת
גִּבְעַת עַכּוּז נְקִיק פֹּת
מִתְרַחֵב כְּמוֹ פְּרֵיים קוֹלְנוֹעִי שֶׁנִּמְתָּח

Homeland

In a hospital in Nahariya
people wait in line for no one.
A withering yellowing cyclamen plant
looks exactly as a potted plant should
when intended as a gift
for the sick.

The rooftops seem like the seafoam
of which the cities that gnaw at the landscape
were built.

The light here is oppressive, blinding
in its singed summery speech,
devouring.

Gray will not turn
Blue.

The outline shimmers in soft ripples
people thaw in the sun
eyes shut open.
Isn't death waiting
precisely
in the eternity of the alluring
sea.

On a first cautious outing during recovery
the landscape takes on a different face
a butt-hill a crevice-pudenda
like a cinematic frame that's been stretched

צְלָלִית מְדֻקְדֶּקֶת הוֹפֶכֶת פָּנֶיהָ
לְגוּשׁ שֵׂעָר
אֲנַחְנוּ מַכִּירִים בַּצָּמָא.

גָּזוֹז יָרֹק נָדִיר
וְתַפּוּחֵי זְכוּכִית אֲדֻמָּה
מָה שֶׁהָיָה כְּבָר לֹא

וַאֲנַחְנוּ לֹא יוֹדְעִים אֶלָּא
אֶת מָה שֶׁאִבַּדְנוּ
מִשְׁתַּדְּלִים לִשְׁכֹּחַ
כְּדֵי לְהַמְשִׁיךְ
וְהַיָּדַיִם רֹב הַזְּמַן מְתָאֲרוֹת
נְפִילָה, וְגַם רוּחַ אַפְסִית
יְכוֹלָה לְהַרְעִיד מִבִּפְנִים

רַק הַמַּבָּט פְּנִימָה מְבַקֵּשׁ לִשְׁאֹל
שֶׁמִּי שֶׁהָיָה כָּאן לֹא יוּכַל לוֹמַר שֶׁלֹּא
יָדַע.

חֶשְׁכַת הַפֶּה הִיא הַמָּקוֹם
לָאֲוִיר הַפָּתוּחַ

a fine silhouette turns
into a mass of hair
We recognize thirst.

Green soda is a rarity
and so are candy apples
what was is no longer

And we do not know
but what we have lost
trying to forget
in order to go on
And the hands for the most part
delineate a fall, and even a hint of wind
can shake you from within

Only the gaze inward wishes to inquire
so that whoever was here would not be able
to say he was unaware

The hollow of the mouth is the place
for the open air

אבולוציה

דַּוְקָא הָיְתָה אֶבוֹלוּצְיָה
הַבֵּיצָה קָדְמָה לַתַּרְנְגֹלֶת
הַתַּרְנְגֹלֶת הִיא דַּרְכָּהּ הַמִּתְחַכֶּמֶת
שֶׁל הַבֵּיצָה לְיַצֵּר עוֹד בֵּיצָה.
וּלְפָחוֹת עוֹד אֶלֶף שִׁנּוּיִים קְטַנִּים קָרוּ
עַד שֶׁנּוֹצַר הַתָּא הָרִאשׁוֹן,
וְעוֹד אֶלֶף-אֲלָפִים שִׁנּוּיִים עַד שֶׁנּוֹצַר מֵהַתָּא הַבּוֹדֵד
דָּג פָּשׁוּט, וְעוֹד
מוּטַצְיוֹת קְטַנּוֹת וּמִקְרִיּוֹת
עַד הַצְּפַרְדֵּעַ.
וְאֶלֶף לַלְּטָאָה, וְאֶלֶף לִכְנַף הַצִּפּוֹר
וְעוֹד אֶלֶף לַיְּכֹלֶת שֶׁל הַצִּפּוֹר לָעוּף,
וְאֶלֶף שִׁנּוּיִים קְטַנִּים עַד שֶׁנּוֹצַר
לֵב אָדָם, וְאֶלֶף לָעֵינַיִם,
וְאֶלֶף לָעוֹר וְאֶלֶף לַכָּבֵד וְעוֹד
אֶלֶף אֲלָפִים לַמֹּחַ
לַנֶּפֶשׁ לַמַּחְשָׁבָה לַחֲלוֹם.
הַשַּׁרְשֶׁרֶת הַגְּדוֹלָה שֶׁל הַקִּיּוּם:
בְּצִדָּהּ הָאֶחָד דָּג פָּשׁוּט,
בְּרֹאשָׁהּ הָאָדָם הַזָּקוּף עִם סַכִּין,
וּבַתָּוֶךְ כָּל הָעֲלִילָה כֻּלָּהּ.
וְהָאָרֶץ נָעָה בִּמְהִירוּת שֶׁל כְּמֵאָה
אֶלֶף קִילוֹמֶטְרִים לְשָׁעָה בְּמַסָּעָהּ סְבִיב הַשֶּׁמֶשׁ
בְּלִי שֶׁנַּרְגִּישׁ.
הַזְּבוּב שֶׁאֲנַחְנוּ מַכִּים
מַפְעִיל עָלֵינוּ בַּחֲזָרָה אֶת אוֹתוֹ הַכֹּחַ
וְאִם מַחְזִיקִים מַסְפִּיק זְמַן מַעֲמָד

Evolution

Indeed, evolution was at work
the egg came first
the chicken is the egg's sophisticated means
to make another egg.
And at least another thousand tiny changes
occurred before the first cell was formed
and another thousand or two mutations until
a simple fish emerged
from the single cell
and more tiny and incidental mutations
up to the frog.
And a thousand more for the lizard
and a thousand for a bird's wing
and another thousand for the bird to fly
and a thousand tiny changes for
a human heart
and a thousand for the eyes
and a thousand for the skin and a thousand for the liver
and another thousand or two for the brain
for the soul for thinking for dreaming.
The great chain of existence:
On one end a simple fish,
on the other, homo erectus holding a knife,
and in between the entire plot.
And the earth orbits the sun at an average speed
of one hundred thousand kilometers per hour
without our being aware of it.
The fly we strike
exerts the same force upon us
and if we hold out long enough

הַכֹּל חוֹזֵר.
וְהַיָּרֵחַ מִצְטַמֵּק וּמִתְרַחֵק אֲבָל
הַשֶּׁמֶשׁ מְשַׁלֶּמֶת
מַפְלִיאָה לְאֹרֶךְ זְמַן
וְיוֹם בָּא
וְיָבוֹא בְּעִקְבוֹת מִשְׁנֵהוּ,
הוֹלֵךְ וְשׁוֹקֵעַ מַטָּה,
נִרְאֶה וְנִשְׁכָּח.
כָּךְ מִתְאַדּוֹת הַטָּעֻיּוֹת הַכִּימִיּוֹת שֶׁל אֱלֹהִים
וְהַשְּׁקָרִים הַמְּלַכְלְכִים שֶׁל כֻּלָּנוּ
שַׁעַר הַנִּצָּחוֹן, פֶּסֶל הַחֵרוּת, דָּכָאוּ,
הָעֲבוֹדָה מְשַׁחְרֶרֶת
חִטָּה וּמוֹץ
אָטוֹם תְּמוּרַת שָׁלוֹם.
מִלְחָמָה וּרְצִיחוֹת פְּרָטִיּוֹת
סַלְמוֹן נוֹרְבֶגִי, חֲזֵה עוֹף, יֶרֶךְ חֲזִיר
רֹאשׁ וּכְתֵפַיִם קָדִימָה.
אֲנַחְנוּ חוֹגְגִים וּמַמְחִיזִים
מִתְחַשֵּׁק לִחְיוֹת.

everything recurs.
And the moon wanes and grows distant
yet the sun is perfect
stunning over time,
and a day arrives
and another will follow
going past and sinking below
seen and forgotten.
This is how God's chemical mistakes evaporate
along with our dirty lies
the Arc de Triomphe, the Statue of Liberty, Dachau,
arbeit macht frei
wheat and chaff
nuclear armament in exchange for peace.
War and homicides
Norwegian salmon, chicken breast, pork loin,
head and shoulders onward.
We celebrate and dramatize
zestful for life.

Made in China

הוֹ, בּוּרוּת מְאֻשֶּׁרֶת!
לֹא יוֹדַעַת שֶׁהָאֲפֵלָה
נִמְצֵאת בְּמֶרְחַק לְחִישָׁה.
מִילְיַארְד סִינִים לֹא טוֹעִים
כְּשֶׁהֵם מְזַיְּפִים פּוֹלוֹ רַאלְף לוֹרֶן,
וֶרְסַאצֶ'ה, בִּילְבּוֹנְג, טִימְבֶּרְלֶנְד,
נַייקִי – גַ'אסְט דוּ אִיט
כִּי אֲנַחְנוּ קוֹנִים, חַיִּים
טוֹב עִם זִיּוּף זוֹל.
סְטַארְבַּאקְס, מֶקְדוֹנַלְד, קֶאנְטַקִי פְרֵייד
צִ'יקֶן, פִּיצָה דוֹמִינוֹ,
מַגָּשִׁים עֲמוּסֵי מַמְתַּקִּים
הַיֹּפִי הַפְּנִימִי כְּבָר מְזֻמָּן בָּא עִם אֲגַרְטָל.
וְכֻלָּנוּ רוֹצִים לְהַגְדִּיל אֶת שִׁעוּר קוֹמָתֵנוּ
לְאַיֵּם עַל הָעֲלִילָה,
לְפַתֵּחַ טַעַם דֶּקוֹרָטִיבִי
לַחֲצוֹת יַבֶּשֶׁת, לָדַעַת
מַשֶּׁהוּ שֶׁלֹּא יָדַעְנוּ עַל הָעוֹלָם
לִקְנוֹת עוֹד חֻלְצָה, נַעֲלַיִם, מִשְׁקָפַיִם, עוּגָה,
פִּיגָ'מָה צַ'יְנָה פְּיוּר סִילְק
נוֹט וֶרִי אֶקְסְפֶּנְסִיב
גַ'אְסט פוֹר יוּ
מַיי פְרֶנְד.
כֵּן, אֶפְשָׁר לִחְיוֹת גַּם בְּלִי אֹשֶׁר
לְחַיֵּךְ רְעֵבִים מוּל הֶעָמוּס
כָּל טוּב
תַּפּוּחַ הָעוֹלָם מְבַקֵּשׁ שֶׁנִּנְעַץ בּוֹ שִׁנַּיִם
הָרַע כְּבָר נַעֲשָׂה
הָרֶצַח עָמֹק
הַמָּוֶת מָה שֶׁחָשַׁבְנוּ.

Made in China

oh, blissful ignorance!
unaware that darkness
is only a whisper away
a billion Chinese are not in error
when they copy polo ralph lauren
versace billabong timberland
nike — *just do it*
because we buy and live
well with cheap fakes
starbucks mcdonald's kentucky fried
chicken domino's pizza
trays laden with candy
it's been a while since inner beauty
arrives with a vase
all of us wish to boost our stature
intimidate the plot
cultivate a decorative taste
cross a continent to know
something we didn't know about the world
buy another shirt shoes glasses cake
pajamas *china pure silk*
not very expensive
just for you
my friend
yes, it's possible to live without bliss
grin hungrily eyeballing the abundance
of goodies
the world's apple demands that we bite into it
evil is a done deal
murder runs deep
death is what we thought.

חֶמדה

אֵין דָּבָר יוֹתֵר חֲסַר תּוֹעֶלֶת מֵאֱלֹהִים
הוּא לֹא מְלַטֵּף אֶת מִצְחִי
לֹא מוֹתֵחַ לָשׁוֹן לַחָה
לְלַקֵּק בְּחֶמְדָּה אֶת הַדָּם
מִכָּל-גִּבְעָה רָמָה עַל כָּל רָאשֵׁי הֶהָרִים,
וְתַחַת כָּל-עֵץ רַעֲנָן.
רֹב הַזְּמַן אֲנִי חוֹלֶמֶת אֶת הַחֲלָקִים
הַפְּנִימִיִּים שֶׁל גּוּפוֹ
(רֵיחַ הַשְּׂרָף הֶחָרִיף שֶׁלּוֹ עוֹלֶה
כְּמוֹ רֵיחַ שֶׁל מִין)
מוֹצֵאת אוֹתוֹ בְּכָחֹל הַנִּשְׁקָף מִלַּהַב הַסַּכִּין
דַּק כְּמוֹ כְּפוֹר קַל. עוֹשֶׂה מָה שֶׁמּוּטָל עָלָיו.
הַקֶּרַח עַכְשָׁו נָמֵס מַהֵר בְּפִיו, לְשׁוֹנוֹ אֲרֻכָּה מְאוֹד.
בְּלַיְלָה שָׁחוֹר בִּתְחִלַּת אַפְּרִיל
אֲנִי מְכַסָּה אֶת פָּנָיו.

Lust

Nothing is more useless than God
He doesn't stroke my forehead
doesn't stretch a moist tongue
to lustfully lick the blood from every
high hill and every mountain peak
and under every green tree.
Most of the time I divine the inner
parts of His body
(His sharp resinous odor rises
like the odor of sex)
find Him in the blue reflected from the knife's blade
fine as light frost. He does what He has to do.
The ice now quickly melts in His mouth, His tongue is very long.
On a dark night at the beginning of April
I cover His face.

ראוי לשבח

הַגּוּף מַמְתִּין לְמוֹתוֹ
(יֵשׁ לִהְיוֹת נְקִיִּים וּלְהַחֲלִיף בְּגָדִים כָּל יוֹם)
וַאֲנַחְנוּ עוֹמְדִים כְּמוֹ אִידְיוֹטִים
בְּתוֹךְ חֲדָרִים מוּאָרִים בְּטֶלֶוִיזְיָה
מִבְּלִי לָדַעַת כַּמָּה יְקָרִים חַיֵּינוּ.
תָּמִיד מִישֶׁהוּ מְפַצֵּחַ עֲצָמוֹת בְּסַכִּין
תּוֹךְ כְּדֵי שְׁרִיקָה,
מְפַחֵד לְאַבֵּד אֶת הָעוֹלָם.
מִישֶׁהוּ מַתְרִיס חַלּוֹן
בְּאֵיזֶה יַעַר מַתְחִילָה
שְׂרֵפָה אֲיֻמָּה
(הִתְמַכַּרְנוּ לְרֵיחַ הַחֲרִיכָה).
תָּמִיד נְחַפֵּשׂ חוֹפִים שׁוֹמֵמִים
לְפִי קְנֵה מִדָּה אֵירוֹפֵּאִי
הַבְּהִירִים שֶׁבֵּינֵינוּ יִשְׁתַּהוּ בְּטִכְסֵי הַתַּחְלִיב.
תָּמִיד כֻּלָּנוּ עֲסוּקִים וּמְלֵאֵי דְּאָגוֹת
אֲבָל נִרְאִים מְיֻשָּׁבִים בְּאֹפֶן מוּזָר.
תָּמִיד בַּקּוֹמָה הַחֲמִישִׁית
מִתְרוֹצְצִים עַל פִּגּוּמִים פּוֹעֲלִים סִינִים,
תָּמִיד בַּטֶּלֶוִיזְיָה בִּשְׁמוֹנֶה נָשִׁים פּוֹעוֹת
חֲדָשׁוֹת בְּנִימוּס,
הַשֶּׁבֶר לְעוֹלָם סוּרִי-אַפְרִיקָנִי
הָעוֹפוֹת הַגְּדוֹלִים הַנּוֹדְדִים בַּבֹּקֶר
דּוֹאִים מֵעָלָיו בִּתְנוּעָה מַעֲגָלִית
מְנַצְּלִים אֶת כֹּחַ הָעִלּוּי
שֶׁל זִרְמֵי הָאֲוִיר הַחַם הָעוֹלִים מִמֶּנּוּ,
גּוֹמְעִים מֶרְחַקִּים.
וְהָעֹנֶג תָּמִיד מַפְתִּיעַ, מִסְתַּלֵּק בְּבַת אַחַת
וְקַה, וְהַמְּחִצּוֹת דַּקּוֹת

Commendable

The body awaits its demise
(one must keep clean and daily change outfits)
and here we are standing like idiots
in rooms lit by television
oblivious to how dear our lives are.
Always someone is cracking bones with a knife
while whistling
afraid to lose the world.
Someone pulls down the blinds
in some forest a terrible fire starts
(we have become addicted to the smell of burning).
We're always searching for secluded beaches
in line with European standards
the fair-skinned among us linger over their sunblock rituals.
We're always busy and consumed with worry
and yet, remarkably, appear self-possessed.
Always on the fifth-floor level
Chinese workers hustle across scaffoldings.
Always on TV at eight o'clock women politely
purr the news,
the ever-present Jordan Rift Valley.
Of a morning, large migrating birds circle, soar above it,
benefitting from the column of rising warm air
and covering great distances.
And pleasure is always surprising, instantly
it withdraws and it's cold
and the partitions are thin

וַחֲרִיקַת הַכִּסְאוֹת דִּיאָלוֹג.
תָּמִיד יִהְיוּ כָּאֵלֶּה שֶׁבְּאֹפֶן רָאוּי לְשֶׁבַח
יָקוּמוּ אַחֲרֵי נְפִילָה
אוֹחֲזִים סַכּוּ"ם.
עוֹד יָבוֹאוּ יָמִים שֶׁנֹּאמַר לְעַצְמֵנוּ: "חַג
יַעֲנֶה בְּאֹפֶן מֻשְׁלָם עַל צִפִּיּוֹתֵינוּ",
וּבְחֵרוּת נְעִימָה נִפְתַּח
שְׁתֵּי קֻפְסָאוֹת שִׁמּוּרִים מַבְרִיקוֹת,
וְנוֹדֶה, תּוֹךְ לְגִימַת מַשְׁקָאוֹת
בֶּאֱמֶת גַּסָּה:
אֵין מָקוֹם לִכְאֵב
יֵשׁ לַחְזֹר וְלִחְיוֹת
לִרְקֹד, לְנַתֵּר בַּחֹשֶׁךְ, לְהַרְעִיד אֶת הָאֲוִיר,
אַחֶרֶת אֲנַחְנוּ אֲבוּדִים.

and the scraping of chairs a dialogue.
Always there will be those who commendably
rise after a fall
holding knife and fork.
There will come a day when we will tell ourselves:
"A holiday will perfectly fulfill our wishes,"
and with sweet abandon we will open
two brilliant tin cans
and admit, while sipping drinks,
a vulgar truth:
There is no room for pain
one must resume and live
dance, hop in the dark, rock the air,
otherwise we are doomed.

פלא פלאים

בְּבַת אַחַת
הָיָה רֶגַע
הִצְלַחְנוּ לְאַזֵּן אֶת הַמַּיִם
עָצַרְנוּ וְרִחְרַחְנוּ סִינְגֶּל מַאלְט
לִקַּקְנוּ מִצַּלַּחַת
וְנָשַׁכְנוּ אֶת שְׂפָתֵינוּ עַד זוֹב
דָּם רָצִינוּ, לְהַעֲנִיק גּוּף נוֹסָף
בְּשִׂמְחַת הַחֹם, רָצִינוּ דְּבַר
מָה שֶׁדּוֹמֶה לְאַהֲבָה.
עַרְפֶּל הַסָּדִין דָּהַר סְבִיבֵנוּ לָבָן
וּמָה שֶׁהָמָה פָּרַט עַל לַהַב סַכִּין
וּמָה שֶׁגָּנַח צָהַל וְהֵרִיעַ.
בַּאֲפִיסַת הַכֹּחוֹת זָעֲקָה צִפּוֹר.
אַתָּה מֵבִין?
(אֲנִי מְסָרֶבֶת לִהְיוֹת עֲנֻגָּה)
אֵין יוֹתֵר מִדַּי אוֹר
זֶה אוֹ לְהַנִּיחַ אֶצְבַּע
עַל הַפֶּה שֶׁיִּשְׁתֹּק
אוֹ לִקְצֹר שִׁבֳּלִים בְּהִירוֹת בְּאַחַת,
כְּבָר לֹא רוֹאִים מַלְאָךְ בְּלִי פִּגְיוֹן
וּבַסּוֹף מִמֵּילָא זֶה תָּמִיד אֱלֹהִים
רִקָּבוֹן וְשַׁלְוָה מְתוּקָה

Wonder of Wonders

All at once
there was a moment
we managed to balance the water
we stopped and sniffed single malt
we licked a plate
and bit our lips until they bled
we wanted blood to conjoin another body
in the joy of warmth
we wanted something akin to love.
The fog of the sheet whipped white around us
and what hummed strummed the blade of a knife
and what groaned neighed and roared.
Exhausted, a bird called.
Do you understand?
(I refuse to be soft)
there is never too much light.
That, or to place a finger
on the mouth to keep it quiet
or to reap golden stalks with one stroke.
One no longer sees an angel without a dagger
and anyway, in the end it is always God
decay and candied calm

זמר עברי

נַעֲצֹר לְהִשְׁתַּהוֹת
לֹא נַנִּיחַ לְנַגְמָ"שׁ – נוֹשֵׂא גְּיָסוֹת מְשֻׁרְיָן –
לְפַלֵּס תַּדְהֵמָה בְּלִבֵּנוּ,
לָתֵת קַרְקָעִי לְהִתְפָּרֵץ מִפַּחַד נַהֲמַת הַגַּלְגַּל.
בַּבַּיִת, זְרוֹעוֹתֵינוּ תָּמִיד יִלְפְּתוּ לֶחֶם
אֵין בְּרֵרָה, הַיּוֹמְיוֹם חַיָּב לְהַסְפִּיק.

Hebrew Song

We will take a moment to linger
We will not allow the APC — the armored personnel carrier —
To flatten the consternation in our hearts.
We will not allow the subterranean to erupt
For fear of the wheel's roar.
At home, our arms will always hold on to bread.
There is no choice. The quotidian must suffice.

אדוני, ראש הממשלה

אֲדוֹנִי רֹאשׁ הַמֶּמְשָׁלָה,
אֲנִי מְהַרְהֶרֶת בַּתַּחְתִּיּוֹת לְכוֹסוֹת,
בְּסִדּוּרֵי הַפְּרָחִים, בְּאוֹר הַנֵּרוֹת הָרֵיחָנִיִּים,
בַּסַּכִּינִים הַמַּבְהִיקִים,
בַּמַּפּוֹת הַנְּקִיּוֹת הַפְּרוּשׂוֹת עַל שֻׁלְחָנְךָ,
בַּגְּלִידָה בְּטַעַם פִּיסְטוּק הָאֲהוּבָה עָלֶיךָ
(טַעַם יֻקְרָתִי שֶׁלֹּא מוֹצְאִים בְּכָל מָקוֹם)
בְּסוּרְבֵּה הַפֵּרוֹת שֶׁאוֹהֶבֶת אִשְׁתְּךָ
תָּלוּי בָּעוֹנָה
עַכְשָׁו הַתּוּת חָזָק, בַּקַּיִץ הַלִּימוֹנָעְנָע
הַוָּנִיל בִּשְׁבִיל הַיְּלָדִים.
אֲדוֹנִי רֹאשׁ הַמֶּמְשָׁלָה,
אַתָּה וַדַּאי מְאוֹד גֵּאֶה בְּאַרְצְךָ
כְּשֶׁאַתָּה מִתְבּוֹנֵן בַּמִּתְרַחֵשׁ בְּעֵינַיִם עֲצוּמוֹת.
עֲזֹב אוֹתְךָ מֵהַחַבָּלָה וּמֵהָאֵשׁ
לִחְיוֹת עַל חוּט הַשַּׂעֲרָה זֶה דַּוְקָא מְעוֹרֵר
מֵנִיעַ, שׁוּם דָּבָר לְפַחֵד מִפָּנָיו.
וְהַכִּבּוּשׁ כָּל כָּךְ אֶלֶמֶנְטָרִי
רְאֵה כַּמָּה יֹפִי יֵשׁ בַּצְּמָחִים הַמְּטַפְּסִים עַל גְּזוּזְטְרָה
לוּפְתִים גָּדֵר.
וְזֶה גַּם נוֹתֵן לָנוּ סִבָּה לַעֲמֹד שָׁנִים בַּכִּכָּר
וְלָשִׁיר.
אֲדוֹנִי רֹאשׁ הַמֶּמְשָׁלָה,
לֹא חָשׁוּב כַּמָּה נַעֲבֹר
כַּמָּה נַרְגִּישׁ
כַּמָּה נִלָּחֵם

Mister, Prime Minister

Mister Prime Minister,
I am thinking about the saucers,
the flower arrangements, the lighted scented candles,
the gleaming knives,
the impeccable tablecloths,
the pistachio ice cream you love so much
(a deluxe flavor not readily available),
the fruit sorbet your wife favors
depending on the season,
right now it is strawberry, in summer
it is lemon-mint
vanilla for the kids.

Mister Prime Minister,
you must be very proud of your country
as you observe what's going on with your eyes shut.
Don't worry about the terror and fire,
living on the edge is surely
motivating, nothing to be afraid of.
And the occupation is so straightforward—
look at the beauty of climbing plants on a terrace,
clutching a fence.
Which gives us a reason to stand for years
in the square and sing.

Mister Prime Minister,
it doesn't matter how much we endure
how much we feel
how much we fight

כַּמָּה נִפֹּל, כַּמָּה נִתְפַּלֵּל
כַּמָּה תַּבְטִיחַ שֶׁנִּצַּחְנוּ בְּנוֹק-אַאוּט
כַּמָּה נִתְעוֹרֵר לִתְחִיָּה.
פַּעַם מִישֶׁהוּ אָמַר: הַר הַבַּיִת בְּיָדֵינוּ
הַר הַבַּיִת בְּיָדֵינוּ עָבַר,
וְאַחֵר עָנָה: כָּל הַכָּבוֹד כָּל הַכָּבוֹד
(כָּל הַכֹּחוֹת חֲדַל)
מוֹרִישִׁים לָנוּ אֶת הֶעָתִיד
מוֹתִירִים אֶת רֹאשֵׁנוּ בַּשָּׁמַיִם
גּוּפֵנוּ בַּחֲרִיצִים, בֵּין הַסְּדָקִים,
נִשְׁאָרִים כָּךְ כְּבָר שָׁנִים, כְּבָר שָׁנִים.
אֲדוֹנִי רֹאשׁ הַמֶּמְשָׁלָה,
לֵךְ לְשָׁלוֹם
וּכְשֶׁאַתָּה עוֹזֵב אֶת הַמָּעוֹן
לְבַשׁ סְוֶדֶר אוֹ לְפָחוֹת כְּרֹךְ אוֹתוֹ סְבִיב צַוָּארְךָ

how much we fall
how much we pray
how many knockout victories you promise
how many times we are revived.
Once upon a time someone said:
The Temple Mount is ours
The Temple Mount is ours, Over,
and another replied: Well done, well done,
(all forces cease fire)
entrusting us with the future
our heads held high
our bodies in the chinks, between the cracks,
we've remained this way for years, for years.

Mister Prime Minister,
go in peace,
and when you leave the residence
put on a sweater or at least tie it around your neck

לַהק

מֵעַל רָאשֵׁינוּ הָאֵין-סוֹף
סִיסִים מְצַוְּחִים צוֹלְלִים
מַטָּה וְעוֹלִים גָּבוֹהַּ בִּשְׁמִינִיּוֹת
רַחֲבוֹת הֶקֵּף.
עַד שֶׁלֹּא אֶמְצָא מָקוֹם
שֶׁאֶפְשָׁר לִפֹּל מִמֶּנּוּ כָּרָאוּי
אָשִׁיר כְּמוֹ כֻּלָּם
אֲנִי אֲנִי אֲנִי
חוֹזֶרֶת עַל אוֹתָם דְּבָרִים
כְּמוֹ בְּבְרִית עָרִים תְּאוֹמוֹת
בְּוַדַּאי בְּוַדַּאי
דַּבְּרִי דַּבְּרִי
בּוֹאוּ בּוֹאוּ
תּוֹדָה תּוֹדָה
מַזָּל טוֹב
בְּרִיאוּת וְכֹשֶׁר
שָׁלוֹם וּבִטָּחוֹן
אֹשֶׁר וְשִׂמְחָה

Flock

Above our heads the innumerable
swifts squawk plunging down
soaring up in spiraling
wide-ranging figure-eights.
Until I find a place
from where I can properly drop
I will sing like everyone else
me me me
repeating the same things
as in pledges of sister cities
of course of course
speak up speak up
come on come on
thank you thank you
mazal tov
health and fitness
peace and security
joy and happiness

מזל טוב

אֲנַחְנוּ גּוֹסְסִים כָּל הַזְּמַן
הַכֹּל סְבִיבֵנוּ עָשׂוּי לְמִשְׁעֵי בֶּטוֹן
וּזְכוּכִית וְסַרְטָן וְדַחַף מָוֶת.
חֲפַרְפָּרוֹת מְאֻשָּׁרוֹת אֲנַחְנוּ
חַיּוֹת עֹמֶק בְּתוֹךְ חֲלוֹם אָמֶרִיקָאִי
עִם קַנְיוֹנִים מוּאָרִים, תַּחֲנָה מֶרְכָּזִית
מְנֻהָרוֹת לְהִפָּלֵט דַּרְכָּן הַחוּצָה,
יְחִידוֹת נֹפֶשׁ וְכַרְטִיס מַגְנֵטִי
לְמִכוֹן הַכֹּשֶׁר בַּהֲנָחַת עוֹבֵד.
תָּמִיד מַצְבִּיעִים אֶל הַיָּרֵחַ.
בָּנִינוּ מַמְלָכוֹת, מִגְדָּלִים וּבָתִּים
עַל חֲלוֹמוֹת וּבַרְזֶל וְתַאֲווֹת בֶּצַע,
וְלָמַדְנוּ לִשְׁאֹף אֶת הָרֵיקוּת
כְּאִלּוּ הִיא יָם וְשָׂדוֹת,
נִשְׁאָרִים אָנָלִיִּים בִּשְׁבִיל לִשְׂרֹד.
הַהִתְמַסְּרוּת לַזּוּלַת כְּרוּכָה בְּאָסוֹן,
בְּרִצּוּי הַצַּעַר,
בְּסֵדֶר וְנִקָּיוֹן,
בִּלְעִיסַת הַבָּשָׂר,
בְּהַשְׁמָעַת אֲנָחָה,
בַּחֲזָרָה הַבַּיְתָה
בַּהַסְכָּמָה לִרְאוֹת שְׁקִיעָה אַחַר שְׁקִיעָה אַחַר שְׁקִיעָה.
שַׁעֲוַת הַנֵּרוֹת שֶׁבָּעֲרוּ כְּבָר יָבְשָׁה
זְמַן לְהַעֲלוֹת אוֹר בַּחֲדָרִים.
מַזָּל טוֹב,
יוֹם הֻלֶּדֶת שָׂמֵחַ
מַחֲצִית חַיַּי עָבְרָה.

Congratulations

We are dying all the time
around us it is all smooth concrete
and glass and cancer and death wish.
We are happy moles
living deep in an American dream
bright shopping malls a central station
tunnels that disgorge us
paid vacations and a magnetic card
to access the gym at an employee's discount.
We always point to the moon.
We've built kingdoms towers and homes
upon dreams and iron and greed
having learned to inhale the emptiness
as if it were a sea or a field
as we retain our anal proclivities to survive.
Fealty to another entails disaster
making peace with sorrow
order and cleanliness
chewing meat
letting out a sigh
going home
having agreed to watch sunset after sunset after sunset.
The melted wax of the candles has dried already
it's time to turn on the light in the rooms.
Congratulations
happy birthday
half my life has passed.

פוטנציאל

זֶה אֲפִלּוּ לֹא הָיָה
סִפּוּר אַהֲבָה
נִזְהַרְנוּ לֹא לְהִתְלַכְלֵךְ.
וּמָה קָרָה. אֵין לָדַעַת לְמִי.
הָיָה שָׁם דְּבַר מָה שֶׁלֹּא
נִסִּיתִי לִקְרֹא לוֹ בְּשֵׁם
הֶחָלְצוּת, בְּגִידָה, כְּמוֹ, אָלֶגוֹרְיָה.
הַפִּרְאוּת רָאֲתָה יָפֶה וְחָשׂוּף
וְהַכֹּל אִבֵּד מַשְׁמָעוּת.
וּמִי שֶׁהִסְתַּכֵּל מֵהַחוּץ פְּנִימָה רָאָה תְּנוּעַת צְלָלִיּוֹת –
שְׁתֵּי בֵּיצִים יְקָרוֹת מִפָּז, רֹאשׁ מִתְנַשֵּׂא, רֶגַע שֶׁל שִׂיחָה,
נֶתֶז.
וְהָיָה טוֹב עַד שֶׁרַחַשׁ יְלָדִים
נִמְשַׁח בִּשְׂעָרְךָ,
עַד שֶׁנִּגְלוּ הָרֶוַח וְהַהֶפְסֵד
כְּשֶׁעָשִׂינוּ אַהֲבָה,
עַד שֶׁהוֹשַׁטְנוּ וְנִרְתַּעְנוּ לָקַחַת,
עַד שֶׁעֵינֵינוּ רָצוּ לְהֵעָצֵם,
עַד שֶׁכָּל אוֹר הָפַךְ לִפְגִיעָה
שֶׁהוֹתַרְנוּ בַּכֻּרְסָה,
עַד שֶׁהִתְרַחֲשׁוּ הַחַיִּים,
עַד שֶׁכַּף רַגְלֵנוּ דָּרְכָה
עַל הָאָרֶץ.

(אֲנִי רוֹצָה לִזְכֹּר אֶת עַצְמִי אוֹמֶרֶת: הוֹ כֵּן. כֵּן! כֵּן! כֵּן!)

Potential

It wasn't even
a love story
we were careful not to get sullied.
And what did happen—hard to say to whom.
There was something there I did
not try to give it a name.
Deliverance, betrayal, like allegory.
Savagery saw beautiful and bare
and all else lost meaning.
Anyone looking in would see moving shadows,
two precious balls, a raised head, a brief exchange,
a discharge.
And it was good until the whisper of kids
anointed your hair,
until the gain and loss were exposed
when we made love,
until we reached out and recoiled from taking,
until our eyes wished to close,
until each light became an insult
we had left on the chair,
until life happened,
until our foot touched
the ground.

(I want to recall myself saying: Oh, yes. Yes! Yes! Yes)

דוגית

כְּבָר מִזְּמַן אֲנִי לֹא עוֹשָׂה
שׁוּם דָּבָר מַצְחִיק
גַּם לֹא מְנַעֶרֶת אֶת הַשֶּׁמֶשׁ בִּשְׁתֵּי יָדַיִם
בְּחֵרוּף נֶפֶשׁ אֲמִתִּי
רַק מַרְעִידָה כְּמוֹ דָּג, שְׁקוּפָה כִּמְעַט.
וְשׁוּב יֵשׁ אֵיזֶה פְּרוֹזְדּוֹר פֶּצַע
הָעֶצֶב עוֹבֵר מִפֶּה לְפֶה
כְּמוֹ מַחֲלַת הַנְּשִׁיקָה
חֲתָךְ מְפֹאָר מִתְגָּרֶה לַשָּׁוְא
לוֹחֵשׁ: שׁוּטִי שׁוּטִי
מְאַיֵּם לְנַפֵּץ
דּוּגִית נוֹסַעַת, מִפְרָשֶׂיהָ שְׁנַיִם
בֵּין תְּשׁוּאוֹת קֶצֶף הַגַּלִּים לַגֶּחָלִים.
וְצָרִיךְ לְהַשְׁגִּיחַ בַּפְּתָחִים
לִפְנֵי שֶׁמָּה שֶׁמֵּת יְנַצֵּחַ כָּאן

Dinghy

It's been a while since I've attempted
a wacky stunt
no longer do I
with both hands
fervently rattle the sun
but only quiver like a fish, nearly translucent.

And again a corridor of hurt
grief travels from mouth to mouth
like mononucleosis
an impressive incision vainly incites
whispering: Sail on, sail on,
threatening to smash a dinghy
on the move, her two sails
between the roar of the surf and embers.
One must watch the portals
lest what's dead will gain the upper hand.

מלא רחמים

אַתְּ אֵינֵךְ לְבַדֵּךְ
אַתְּ אֵינֵךְ לְבַדֵּךְ
אֵינֵךְ לְבַדֵּךְ
בְּמִקְרֶה הָלַכְתְּ וְהִגַּעְתְּ
וְעַל הַמִּדְרָכָה בַּחֹרֶף הַמִּצְטַלֵּל
מוּטֶלֶת צִפּוֹר קְטַנָּה אֲפֹרָה
מַבָּטָהּ הַקָּפוּא אוֹחֵז טַעֲנָה
זֶה הַכָּאן וְזֶה גִּדְרוֹ.
אַתְּ מִסְתּוֹבֶבֶת סְבִיבָהּ
כְּמוֹ חוּט שֶׁנִּקְשָׁר
שָׁרָה שִׁיר יָשָׁן נִצְחִי
אוֹי אוֹי אוֹי אוֹי
הָרַחֲמִים נְמוּכִים
הַצַּעַר חַמְדָנִי.
וַיְהִי בֹקֶר, אַתְּ בּוֹכָה
יוֹם אֶחָד.

Merciful

You are not alone
you are not alone
not alone
it so happens that you walked
and you arrived
and on the sidewalk in brisk winter
a small gray bird
her frozen gaze
holds a claim
this is the here and this is its enclosure.
You go round and round
like a tethered string
and you sing a song
old   eternal
oy oy oy oy
mercy is lowly
sorrow is greedy.
And there was morning, you're weeping,
day one.

אש תמיד

תָּמִיד יֵשׁ תִּקְוָה
תָּמִיד אָדָם נוֹלָד עַל מְנָת לִפְרֹעַ
חוֹב יָשָׁן
תָּמִיד בְּשָׁעָה שֶׁאֲנָשִׁים אוֹכְלִים וְשׁוֹתִים,
קוֹרְאִים וּמִתְוַכְּחִים
מִישֶׁהוּ מֵגֵן עַל הַגְּבָעוֹת.
תָּמִיד נְחַפֵּשׂ מַשֶּׁהוּ שֶׁשָּׁוֶה לָקַחַת.
תָּמִיד תִּהְיֶה לָנוּ תֵּל אָבִיב יָפוֹ
תָּמִיד יֵשׁ עִיר
כְּלוֹמַר תָּמִיד יֵשׁ תַּרְבּוּת
כְּלוֹמַר תָּמִיד יֵשׁ בַּרְבָּרִי עִם גַּרְזֶן
תָּמִיד בַּמָּקוֹם שֶׁבּוֹ הַנְּהָלִים כּוֹשְׁלִים,
סַכִּינִים נִשְׁלָפוֹת,
מַחְבֶּרֶת נִשְׁאֶרֶת פְּתוּחָה עַל שֻׁלְחָן:
רָצִיתִי שֶׁתֵּדַע אֲנִי אֶתְגַּעְגֵּעַ לָאָדֹם
לַצְּפִיָּה בָּאֵשׁ, לָאֹפֶן בּוֹ נִפְעָרִים חַלּוֹנוֹת
לִפְרוּסַת לֶחֶם, קָצֶה שֶׁל כִּכָּר
לַאֲרִיזוֹת מַבְהִיקוֹת, לְאַרְנַק כֶּסֶף קָטָן
לַסִּכּוּי שֶׁל חֲמִשִּׁים חֲמִשִּׁים.
וּמְפַתֶּה לִבְחֹר אֶת מַשְׁמָעוּת הַחַיִּים
כְּסִפּוּר מְשַׁכֵּר שֶׁל אַהֲבָה –
אֵיזֶה זִנּוּק אֶל הַחֹשֶׁךְ, אֶל הָאוֹר
אֵיזוֹ הַמְרָאָה, אֵיזוֹ צְלִילָה, אֵיזוֹ נְפִילָה,
אֵיזוֹ נְסִיקָה, אֵיזוֹ גְּלִישָׁה, חֲבָטָה, הִתְרַסְּקוּת,
אֵיזוֹ הִשָּׁמְטוּת,
יְבָבָה טְרוּפָה שְׁבוּרָה שְׁסוּעָה,

Eternal Fire

Always there is hope
always one is born to pay off
an old debt.
Always when people eat and drink
shout and argue
someone stands guard on the hills.
Always on the lookout for something worth taking.
Always we will have Tel Aviv-Jaffa.
Always there is a city
namely, always there is culture
namely, always there is a thug with an axe
always where procedures fail
knives are drawn.
A notebook remains open on a desk:
I wanted you to know that I would miss
the color red
gazing at a fire
the way windows are thrown open
a slice of bread
the end-piece of a loaf
glossy packaging
a wallet for small change
the chance of fifty-fifty.
And it is tempting to embrace the meaning of life
as an intoxicating tale of love—
what a leap into the dark, into the light,
what a soaring, a diving, a fall,
what an ascent, a gliding, a thwack, a crash,
what a lapse,
a mad broken sob,

יוֹם תְּרוּעָה,
אֵיזֶה לֵב בַּצְּנִיחָה
אֵיזֶה סוֹף.
וְהֶעָתִיד בּוֹא יָבוֹא
הָאֱמוּנָה שֶׁלָּנוּ בַּמְּדֻמֶּה חֲזָקָה
מִכְּדֵי שֶׁנְּוַתֵּר עָלָיו.

Yom Teruah,
what a heart in freefall
what an ending.
And the future indeed will arrive.
Our belief in the imagined is too compelling
to relinquish.

קצרים ומלאֵי צער

כְּבָר לֹא אָמַרְנוּ מִלִּים כְּמוֹ:
״חָלַף״ וְ״אֵיפֹה״
הִפְסַקְנוּ לְהִשְׁתַּמֵּשׁ בַּמִּלָּה ״נוֹרָא״.
הִמְשַׁכְנוּ לְהַצְבִּיעַ עַל מַרְאוֹת
פְּשׁוּטִים וּרְאוּיִים:
סִדּוּרֵי עֲנָנִים,
גְּבָעוֹת נִבְלָעוֹת זוֹ בְּתוֹךְ זוֹ
בְּתוֹךְ אָבִיב בָּהִיר.
אָכַלְנוּ אֲרוּחוֹת בֹּקֶר
מֵעַל הַדְּבַשׁ רִחֵף זְבוּב
וְנִשְׁעַנּוּ עַל הַמֵּצַח,
דִּבַּרְנוּ כְּמוֹ מְאַזְנַיִם צַלָּחוֹת עַל מַקֵּל
בְּתָכְנִית אֵרוּחַ.
בְּסוֹפֵי הַשָּׁבוּעַ הִסְתּוֹבַבְנוּ בְּפִּיגָ׳מָה
מִדֵּי פַּעַם הִתַּרְנוּ אֶת כַּפְתּוֹרֵי חֻלְצָתֵנוּ
הָעוֹר עֲדַיִן מָתוּחַ הֵיטֵב
וְהַזַּיִן צָמוּד לַיָּרֵךְ
(גַּם בְּכָךְ כְּבָר אֵין פֶּלֶא).
נָשַׁמְנוּ עָמֹק בְּאֹפֶן מְסֻכָּן
וְהִדְלַקְנוּ טֶלֶוִיזְיָה לְכַבּוֹת
אֶת הַנִּיצוֹץ,
חִכִּינוּ שֶׁהַחַיִּים, הַסְּדָרוֹת יֵרָאוּ
סִימָנֵי מַשְׁמָעוּת
נִפְגַּשְׁנוּ עִם הַדְּבָרִים וְהִשְׁתַּעֲמַמְנוּ.
הִתְוַכַּחְנוּ עַל יִשְׂרָאֵל הָאִסְלָאם,
אֲמָנַת זֶ׳נֶבָה, הַשּׁוּק הַחָפְשִׁי, מִתְוֵה הַגָּז
מְדִינִיּוּת הַחוּץ,
וְהִשְׁקַטְנוּ אֶת לִבֵּנוּ לְשָׁעָה
שֶׁגַּם הִיא שָׁכְבָה גּוֹסֶסֶת.

Brief and Filled with Sorrow

Already we no longer said words like:
"gone" and "where"
we stopped using the word "awful."
We continued to point
at simple and worthy sights:
the formation of clouds
hills blending into one another
in a bright spring.
We had breakfasts.
Above the honey a fly hovered
and we leaned hand to forehead
talking as if balancing plates on a stick
during a talk show.
Weekends we walked around in pajamas
once in a while we unbuttoned our shirts
the skin still nice and tight
and the penis at rest on the thigh
(this, too, is no longer surprising).
We breathed deeply, dangerously,
and turned on the TV to extinguish
the spark,
we waited for life, for the series
to show a flicker of meaning,
we encountered the things and were bored.
We argued about Israel Islam
the Geneva Accords the Free Market
the Natural Gas Plan
Foreign Policy
and calmed our hearts for an hour
that also lay dying.

אָמַרְנוּ כִּמְעַט יַחַד:
אַתָּה צוֹדֵק, אַתְּ צוֹדֶקֶת
מִבְּלִי לְהָרִים מַבָּט.
מִדֵּי פַּעַם אָמַרְנוּ: אֱלֹהִים
מוֹחֲקִים אֶת עַצְמֵנוּ לְגַמְרֵי.
חָשַׁבְנוּ לָמוּת
פַּעַם לְבַד וּפַעַם בְּצֶמֶד
וְהָלַכְנוּ הָלְאָה.
לֹא סָבַלְנוּ, בְּשׁוּם אֹפֶן לֹא
יָכֹלְנוּ לִסְבֹּל. חִיַּכְנוּ,
בְּדֶרֶךְ אַגַּב הוֹשַׁטְנוּ לֶחִי
לִנְשִׁיקָה.
בַּגַּנִּים, בַּמִּסְעָדָה, בָּאוֹטוֹבּוּס
הִתְחַמַּקְנוּ מֵאֲחִיזַת הַבָּשָׂר.
דִּבַּרְנוּ עַל סַפָּה נִפְתַּחַת בְּצֶבַע טוּרְקִיז
קָנִינוּ טוֹסְטֶר לְחִיצָה מִקְצוֹעִי, וִילוֹנוֹת,
כַּמָּה דְּבָרִים נְחוּצִים.
כַּמָּה מְעַט חֵשֶׁק.
קַמְנוּ בַּלֵּילוֹת לְהַשְׁקוֹת
אֶת שְׁנֵי עֲצִיצֵי הַמִּרְפֶּסֶת, לְהַבִּיט בַּשְּׁכֵנִים.
רָצִינוּ לְהִתְרַעֵם
לְהִתָּלוֹת בָּאַהֲבָה שֶׁמְּדַמִּים לְמַיִם רַבִּים
אֲבָל מָה אֲנַחְנוּ בְּסַךְ הַכֹּל?
עוֹד זוּג בַּדֶּרֶךְ הַבַּיְתָה
שֶׁיִּהְיֶה בְּהַצְלָחָה אָמַרְנוּ,
שֶׁיִּהְיֶה בְּהַצְלָחָה.

Nearly in unison we said:
You're right, you're right,
without looking up.
Once in a while we said: God,
effacing ourselves entirely.
We considered dying,
one time, singly, the other, jointly,
and kept on going.
We didn't suffer, there was no way
we could suffer. We smiled,
casually offering a cheek
for a kiss.
In parks, in the restaurant, on the bus
we dodged the hold of the flesh.
We discussed a turquoise fold-out couch
we purchased a quality toaster press
curtains, a few essential items.
And so little desire.
We rose in the night to water
the two plants on the balcony, to watch the neighbors.
We wanted to vent
to hang on to love wedded to many waters
but what are we after all?
Just another couple walking home,
good luck, we said,
good luck.

Notes

Three Crocodiles Captured in My Dream
The word for "river" in the Hebrew poem is "yeʾor," a
rarely-used and somewhat archaic word meaning river. In
the Bible, it refers to the Nile.

Paris
"the sure and mischievous hand of giants": from Rachel
Bluwstein's [1890–1931] poem "Only About Myself."

I Am Likened
Nachalat Binyamin: Neighborhood in Tel Aviv. On the
Sabbath, stores are closed.

Moshe Rabbenu: Moshe our teacher. An affectionate
allusion to Moses, the biblical prophet.

Seascape
Alludes to the painting *Landscape with the Fall of Icarus*,
by Pieter Breugel the Elder.

(Again the bells of rain …)
Yair Hurvitz: One of Israel's leading poets (1941–1988).

Unrecognizable
The translation from Leviticus is from the King James
Version of the Bible.

Brothers
"they are fruitful and they multiply": alludes to Genesis
1:28: "Be fruitful, and multiply, and replenish the earth."
[Translation: *The Holy Scriptures: A New Translation*, JPS
1917 edition.]

Netanyahu   Netanyahu
The Kotzker Rebbe: Menachem Mendel Morgensztern of
Kotzk (1787–1859), a Hasidic rabbi.

Noon, Fire, and No Shade
holy holy: alludes to Isaiah 6:3: "Holy, holy, holy, is the
Lord of hosts: the whole earth is full of his glory."
[Translation: *Koren Jerusalem Bible.*]

September 1: First day of the school year.

The Crates of Metula
Metula: Town in northern Israel that hosts an annual
poetry festival.

(Ever since I bore a son…)
Raise the roof in my honor, builders!: alludes to Sappho's
fragment 88.

Song
Section 1: "Seventy faces to the friend": alludes to the say-
ing: "Seventy faces to the Torah," namely, the different
levels of interpretation.

Section 3: "Bernini's truth is a happy one—/a naked stone
laughing": Bernini's sculpture, "Truth Unveiled by Time."
Section 8: "Do you": the addressee is female.

Theft
"Even the Leopard, prince of Salina": alludes to *Il Gat-
topardo* (The Leopard) by Giuseppe Tomasi di Lampe-
dusa (1896–1957).

For the Gnome and the Goblin, For My Redeemer Amen
"in this desolation of letters": letters of the alphabet

How Good and How Pleasant to Dwell
Title comes from Psalms 133:1: "Behold, how good and
how pleasant it is for brothers to dwell together in unity."
[Translation: *Koren Jerusalem Bible.*] It is also a hymn
and a folk song.

Homeland
Nahariya: coastal city in Israel.

Made in China
The italics in the poem indicate English phrases translit-
erated to Hebrew.

Lust
"and under every green tree": alludes to Jeremiah 2:20:
"For long ago I broke thy yoke, and burst thy bands; and
thou didst say, I will not transgress; when upon every
high hill and under every green tree thou didst sprawl,
playing the harlot." [Translation: *Koren Jerusalem Bible.*]

Commendable
Jordan Rift Valley: Also known as the Syro-African De-
pression, and part of the Great Rift Valley.

Mister, Prime Minister
"Mister Prime Minister": Adoni, in the original, literally:
My Sir. Without the vowels, can also be pronounced
Adonai: My Lord/God.

"in the square and sing": alludes to Kikar Rabin in Tel Aviv, where Rabin was assassinated in 1995, and where pro- and anti-Netanyahu rallies take place.

"(all forces cease fire)": alludes to the capture of the Temple Mount and the Western Wall during the war, June 1967, and based on actual recording.

"our bodies in the chinks, between the cracks,": the chinks and the cracks in the Western Wall.

"and when you leave the residence": also means day-care center [ma'on].

Merciful
The title alludes to "El Malei Rachamim"—Merciful God: a prayer for the soul of the dead.

"And there was morning,": alludes to Genesis 1:5: "And God called the light day, and the darkness He called night. And there was evening and there was morning, day one." [Translation: "Modernized Tanakh," edited by Adam Cohn, based on the public domain *The Holy Scriptures: A New Translation,* JPS 1917 edition.]

Eternal Fire
The title alludes to Leviticus 6:6: "The fire shall ever be burning upon the altar; it shall never go out." [Translation: *Koren Jerusalem Bible.*]

"Yom Teruah": Literally, A Day of the Blast (of the shofar during Rosh Hashanah), and alluding to Numbers 29:1: "On the first day of the seventh month you shall have a holy convocation; you shall do no laborious work. It is a day for you to blow the trumpets." [*Oxford Annotated Bible: Revised Standard Edition.*]

Brief and Filled with Sorrow
"to hang on to love wedded to many waters": alludes
to Song of Solomon 8:7: "Many waters cannot quench
love, nor can the floods drown it: if a man would give all
the substance of his house for love, it would utterly be
scorned." [Translation: *Koren Jerusalem Bible.*]

Acknowledgments

Maya Bejerano's poems are from her collection, *Meeting with the Actors,* published by Hakibbutz Hameuchad-Sifriat Poalim Publishing House (2014).

Sharron Hass' poems are from her collection *Daylight,* published by the Bialik Institute Publishing House (2011).

Anat Zecharia's poems are from her collection, *Ay Palestine,* published by the Bialik Institute Publishing House (2016).

Thank you to the editors who published the following poems in the publications listed below:

Maya Bejerano
The Jerusalem Review: "Meeting with the Actors,"
"Landscape in Fog," "Three Crocodiles"
Metamorphoses: "Iphigenia"
Arkansas International: "Seascape"

Sharron Hass
The Kenyon Review: "Noon, Fire, and No Shade"
Black Sun Lit: "Happy Holiday" "*(Ever since I bore a son)"
"Glazed Fire"

Anat Zecharia
Heavy Feather Review: "Lust," Commendable," "Mister, Prime Minister"

Biographies

Novelist and translator and the author of seventeen books, **Tsipi Keller** is the recipient of several literary awards, including National Endowment for the Arts Translation Fellowships, New York Foundation for the Arts Fiction grants, and an Armand G. Erpf Translation Award from Columbia University. Individual translations have appeared in literary journals and anthologies in the U.S. and Europe, as well as in *The Posen Library of Jewish Culture and Civilization* (Yale University Press, 2012, 2020, vols. 8, 9, 10). Her most recent translation collections are Mordechai Geldman's *Years I Walked at Your side* (SUNY Press, 2018); and David Avidan's *Futureman* (Phoneme Media, 2017). Her latest novel, *Waves & Tonics*, was published by Ravenna Press in 2022.

Adriana X. Jacobs is an associate professor at the University of Oxford and the author of *Strange Cocktail: Translation and the Making of Modern Hebrew Poetry* (University of Michigan Press, 2018). Her full-length translations of Hebrew poetry include Vaan Nguyen's *The Truffle Eye* (Zephyr Press, 2021), for which she received a 2015 PEN/Heim Translation Fund Grant, and Merav Givoni Hrushovski's *End—*(Carrion Bloom Books, 2022).